# MITOS + LEYENDAS

Ilustraciones de Meel Tamphanon ∗ Textos de Eva María Marcos

## ANTIGUO EGIPTO

ALMA

# Índice

# Egipto, una cultura llena de magia

Una de las civilizaciones más sugerentes y atrayentes de la Antigüedad es la del Egipto faraónico, quizá porque algunos de los tópicos relacionados con ella nos siguen fascinando hoy en día. Las colosales pirámides forman parte del paisaje típico egipcio, junto con los cuerpos momificados y las divinidades con cabeza de animal. Pero uno de los rasgos más característicos del país del Nilo es su sistema de escritura: los jeroglíficos. Fue precisamente este sistema el que ayudó a mantener la atmósfera de misterio que envolvía la cultura egipcia. Hasta su desciframiento por parte de Jean-François Champollion en 1822, el conocimiento que se tenía de este país era a través de los relatos de los viajeros y exploradores que, desde la Antigüedad, habían visitado tierras egipcias. Si bien se conocían muchos de sus aspectos gracias a los restos arqueológicos y arquitectónicos que se conservaban, faltaba dar voz a los habitantes del Nilo. Con el desciframiento de los jeroglíficos pudimos conocer de primera mano lo que aquellas personas hacían, pensaban y en qué creían. Impuestos pagados a la administración, invitaciones a celebraciones familiares, cartas entre amantes, obras literarias y, sobre todo, textos religiosos. La presencia divina se intuye en el día a día del Egipto faraónico: desde el surgimiento del sol cada día por el este, con el dios Re a bordo de su barca celestial, hasta el destino que nos depara más allá de la muerte, con Osiris y Anubis como protagonistas. La vida en Egipto era dura y llena de amenazas, en un entorno que a veces se tornaba hostil. Saciar la sed en el río podía comportar la muerte si no se estaba atento a la presencia de cocodrilos, y el peligro no siempre era visible. El roce de una embarcación de papiro sobre el lomo de un hipopótamo bajo las aguas provocaba accidentes más habituales de lo que pudiera parecer. Ante todas estas amenazas, el ser humano buscó la ayuda de las divinidades, tanto de las grandes figuras del panteón nacional como de los dioses populares, que podían proteger las casas y los seres más vulnerables.

Amuletos contra el mal de ojo, estelas contra las picaduras de serpiente y colgantes en forma de pez para no ahogarse en el río son algunos de los abalorios que lucían adultos e infantes en su día a día.

Y, como en el resto de civilizaciones de su entorno, para todas las preguntas que los egipcios se formulaban y para las que no encontraban explicación, los dioses y diosas de su riquísimo panteón proporcionaban la respuesta. El origen del mundo era visto como un caos acuático, donde residía la energía que iniciaría la creación. Curiosamente, la hipótesis que sostiene que la vida tiene su origen en una sopa primordial de compuestos orgánicos con partículas de energía, bien podría asimilarse al principio cosmogónico egipcio. Y este ambiente de creación primigenio se reproducía cada año con la llegada de las aguas durante la crecida del Nilo. ¿Por qué se producía la inundación anual del río? Por el desconsuelo de la viuda Isis, que lloró torrentes de lágrimas al enterarse de la muerte de su querido esposo Osiris. ¿Y los terremotos que asolaban el territorio egipcio? Pues eran los estertores del dios de la tierra Geb cuando se carcajeaba ante alguna situación cómica. ¿Acaso no os ha sucedido que una situación hilarante os ha provocado carcajadas acompañadas de contorsiones de vuestro cuerpo?

Y esta religiosidad, presente tanto en los colosales templos como en las acciones personales, fue lo que llevó a algunos viajeros como Heródoto a afirmar que el pueblo egipcio era el más devoto de todos ellos. Las construcciones eternas, levantadas con bloques de piedra, se reservaban para los templos y tumbas, a diferencia de los palacios reales, que se edificaban con simples adobes. Los relieves exteriores de los santuarios nos muestran procesiones en las que la barca sagrada de la divinidad se pasea por las avenidas para recibir, con gozo y alborozo, las muestras de piedad de la población egipcia. Y los abundantes objetos que formaban parte de los ajuares funerarios son una muestra de la creencia en una vida después de la muerte, a la que se podía acceder tras haber superado un juicio divino.

Así, las divinidades regían la vida terrenal egipcia y también la vida del más allá, ya que eran ellas las que dictaban las reglas de comportamiento. Y estas normas son las que podemos intuir a través de los numerosos relatos de todo tipo que han quedado escritos en papiros, fragmentos de cerámica e inscripciones en piedra. A pesar de la ventaja de unas condiciones climatológicas que han ayudado a preservar gran cantidad de relatos, no hay que olvidar que la mayoría de la población era analfabeta y que la tradición oral era muy importante. Éstas son las razones de que numerosos relatos hayan llegado hasta nosotros y de que muchos más hayan quedado en el olvido.

La literatura egipcia es una de las más ricas de la Antigüedad y, a la vez, una de las más desconocidas. Y una de las causas es la gran distancia que nos separa de su territorio y que nos hace suponer que estos relatos son ajenos a nuestra propia cultura. Nada más lejos de la realidad. Como hemos dicho, desde la Antigüedad, Egipto fue el destino de numerosos historiadores y viajeros, especialmente griegos, ya que para ellos era considerado la cuna de la sabiduría. Filósofos, médicos o astrónomos realizaron estancias en Egipto para aprender de los sabios egipcios y, a través de ellos, llegaron a la cultura occidental innovaciones artísticas, inventos, ideas filosóficas y, cómo no, cuentos y relatos. En todos ellos, la presencia divina forma parte de la historia, ya que, como decía el egiptólogo francés Pierre Montet, los egipcios «no tenían dogmas, pero sí infinidad de relatos variables».

De todos ellos, hemos escogido ocho como los más relevantes, sugerentes e identificativos de la cultura faraónica. Los textos elegidos pertenecen a la categoría de mitos, novelas y cuentos, aunque, en el caso de los textos egipcios, la diferencia entre ellos es difícil de discernir, tal como apuntaba el egiptólogo español Jesús López. Hablamos de mitos cuando se trata de relatos en los cuales las divinidades o los héroes son los protagonistas y aparece una moraleja que sienta las bases de una tradición o establece algunas de las normas de comportamiento en el antiguo Egipto. En ocasiones servía también para explicar algún acontecimiento que parecía sobrenatural a los ojos de aquellos habitantes del Nilo. En esta categoría se situarían el mito de Osiris y su «continuación», «La disputa de Horus y Set». La primera de las dos narraciones es el texto religioso indispensable para entender la cultura faraónica, ya que en él se basa la monarquía masculina hereditaria, el culto al dios de los muertos, Osiris, la importancia de la agricultura y la inundación. Aunque disponemos de fragmentos y menciones en textos tan antiguos como los *Textos de las Pirámides*, la versión más completa nos la ofrece Plutarco (siglos I-II d.C.). Siguiendo la historia surgida en este mito de Osiris, «La disputa de Horus y Set» ahonda en la cuestión de la monarquía hereditaria, aderezada con episodios en los que las divinidades tienen un comportamiento muy humano. Pero, para entretener al público egipcio, la magia, los elementos sobrenaturales y los cómicos también están presentes, entendiendo que la mayoría de relatos se transmitían de manera oral.

El tercero de los mitos, «La leyenda de Isis y Re», ensalza la figura de la diosa más poderosa de Egipto, cuyo culto traspasó sus fronteras y se extendió por todo el Mediterráneo. La astucia e inteligencia de Isis rivaliza con el poder del anciano Re, en un texto en el que la magia de los objetos y la magia de los conjuros juegan un papel primordial.

Al género literario de la novela pertenece «Las aventuras de Sinuhé», sin lugar a dudas la obra maestra de la literatura faraónica y, según algunos expertos, una de las obras más importantes de la literatura universal. Se trata de un relato de aventuras, con paralelos posteriores en, por ejemplo, la historia de David y Goliat, y que es narrada de modo autobiográfico. Leyendo estos pasajes nos zambulliremos en una historia con todos los ingredientes de una novela de misterio: un asesinato real, un complot, una huida llena de peligros, batallas épicas y héroes colosales.

Si bien la mayoría de relatos faraónicos nos muestra un país lleno de riquezas, un faraón poderoso y el mejor lugar en el que vivir, «El viaje de Unamón» constituye una excepción. Esta novela revela la decadencia de Egipto durante el final del Imperio Nuevo, con tanto lujo de detalles y una ubicación cronológica tan precisa que los expertos sospechan que podríamos encontramos ante la versión literaria de un informe veraz.

Y queremos dar a conocer al público en general un género tan popular en el antiguo Egipto como son los cuentos. En palabras del egiptólogo Gustave Lefebvre, los cuentos «eran considerados en buena ley como obras literarias» y, como tal, sir Flinders Petrie creía que la obra de Gaston Maspero dedicada a los cuentos populares egipcios era «su principal logro». Estos textos eran transmitidos oralmente y recitados con ocasión de celebraciones y fiestas. Quizá son los relatos que nos permiten conocer mejor cuáles eran los gustos de los egipcios y las egipcias que vivían en la orilla del Nilo. Así, en el cuento de «El náufrago», acompañaremos a nuestro protagonista en las aventuras y desventuras que protagoniza tras haberse hundido el barco en el que navegaba y llegar a una isla paradisíaca... o eso parecía en un primer momento.

En la historia de «Los dos hermanos» se nos muestra una visión de la mujer como un ser vanidoso, pérfido, cruel, que intenta separar a dos hermanos. No es de extrañar que uno de los episodios de este relato tenga un paralelismo posterior en la historia de la mujer de Putifar que aparece en el libro del Génesis. La historia parece ensalzar el amor fraternal como la forma más pura de amor que pueda existir, aunque no olvida pasajes en los que los elementos sobrenaturales (como el hecho de que uno de los protagonistas hable y entienda a los animales como si se tratara del doctor Dolittle) son claves para la resolución del relato.

Si la historia de Sinuhé es la obra maestra de la novela faraónica, los conocidos como cuentos del Papiro Westcar son el ejemplo más destacado del género de literatura popular. El nombre se debe a Henry Westcar, quien adquirió, en el siglo XIX, el papiro que se conserva actualmente en el Museo Egipcio de Berlín. Es una compilación de cuatro historias que, aunque tienen un nexo en común, pueden ser tratadas por separado. De hecho en la obra que nos concierne hemos reproducido solamente la segunda. Aunque la ambientación de la historia se produce en un reinado concreto de la historia de Egipto, el suceso que narra es absolutamente fantástico. Aquí reina la magia y el poder de los sacerdotes, junto a la figura del faraón como juez máximo que dicta el castigo ante una transgresión grave a ojos de la moral egipcia.

Estos ocho relatos tienen en común la presencia de la magia y los elementos sobrenaturales, como parte de los rituales religiosos y como recursos muy apreciados por la audiencia. Y nos sorprenderá reconocer algunas de las historias que hemos leído en otras narraciones más modernas. No podremos evitar sentirnos como Simbad el marino al leer el cuento del náufrago o empequeñecer ante el descomunal oponente de Sinuhé, como si estuviéramos peleando con Goliat. El amor fraternal, las infidelidades, las decepciones, crímenes y castigos, el triunfo del bien sobre el mal... todos ellos son tópicos de la literatura universal de todos los tiempos. Pero estos relatos vienen aderezados con toques exóticos, como la presencia de cocodrilos, serpientes que hablan y magas muy poderosas.

Aunque nos separan más de cuatro mil años, la lectura de estos mitos y leyendas nos acercará al pensamiento religioso y popular de Egipto. Comprobaremos que compartimos las mismas preocupaciones por la familia, el amor a la tierra que nos ha visto nacer, la desesperación ante las calamidades y el triunfo de la justicia sobre el mal, sea quien sea el que lo provoque. Y quizá nos sintamos tentados de recurrir a la magia para resolver los contratiempos de nuestro día a día, en un intento de que nuestra civilización sea tan eterna como la de los antiguos egipcios.

**Núria Castellano i Solé**
Egiptóloga, divulgadora de la historia del Egipto faraónico

El asesinato de un dios

# EL MITO DE OSIRIS

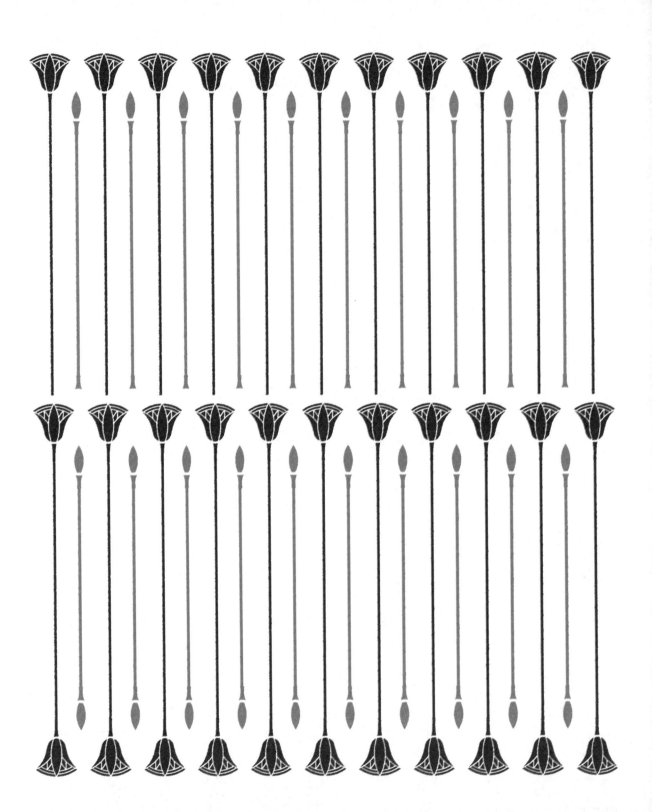

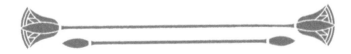

Aunque el gran dios Re les ordenó vivir separados, los hermanos que gobernaban el cielo y la tierra, Nut y Geb, desobedecían para encontrarse cada día en la larga línea del horizonte. Allí, antes de que en el ocaso la diosa Nut se tragara el Sol y lo cubriera todo de estrellas, la dueña del cielo reposaba en los terrenales brazos de Geb, que desprendían aromas de cardamomo y juncos. Ocultos en aquel punto tan delgado como infinito, los gemelos se entregaban el uno al otro, amándose en secreto.

O eso creían.

Tot, el dios de la sabiduría, los observaba de cerca, imaginándose que cada caricia, cada beso y esos tímidos suspiros que Nut lanzaba al yacer con su esposo, eran suyos y sólo suyos. Los miraba celoso, pero guardaba silencio, incapaz de delatar un amor tan puro. Sin embargo, Re no tardó en descubrir la rebeldía y los convocó, enojado.

—Escucha mi conjuro, Nut.

De pie, frente a los dos, el dios creador la señalaba con el dedo, mientras que la joven mantenía la cabeza gacha, unida a Geb sólo por el meñique.

—Como castigo a vuestra desobediencia —sentenció el gran dios—, tu vientre no podrá alumbrar en ninguno de los días del calendario. ¡Ninguno!

En el interior del sicomoro donde Nut refugió su pena, Geb trataba de consolarla, pero la diosa celestial hipaba tan fuerte que, de día, las nubes no se atrevían a asomarse y, de noche, los astros de luz no titilaban. Aunque él restaba importancia a la maldición, ella siempre le replicaba:

—¿De qué modo voy a poder demostrarte mi amor si soy incapaz de concebir a tus propios hijos?

Tot asumió el problema como un desafío a su intelecto. Tenía que encontrar un subterfugio hábil, a la altura del creador; así que consumía el día pensando cómo solucionarlo. «Ningún día del calendario», se repetía. «Ningún día». Una mañana, nada más levantarse, dio con la clave y se rio, divertido, al apreciar la sencillez de la solución. ¡Eso era! «Ningún día del calendario».

*

Como los ciclos del sol y la luna dictaban los días, Tot retó al guardián del astro nocturno a jugar una partida de senet. Los dos movían las piezas sobre el tablero, pero, mientras Jonsu se concentraba en la estrategia, Tot aprovechaba la distracción para sustraerle una pequeña porción de luz de luna; sólo un pedacito diminuto, pero uno cada noche. Porque todas las veladas, el dios de la sabiduría perdía adrede y solicitaba la revancha para volver. Con el paso del tiempo, algunos campesinos miraban con asombro el cielo y se rascaban la cabeza, sorprendidos de que unas jornadas amaneciera antes y otras, después. Pero el trabajo del sabio fue tan sutil que ninguno de los demás dioses lo advirtió.

—Los he reunido para ti —le dijo a Nut, tras cumplir el plan.

Los dedos nacarados de la diosa giraron la cajita que le acababa de regalar.

—¿Qué es, Tot?

—¡Tiempo!

Ella lo miró sin comprender.

—Cinco días de vida, mi señora —le explicó él, ruborizándose—. Si el almanaque actual posee trescientos sesenta días, ahora se le sumarán cinco jornadas más. Con ellas, el año será más largo, y al quedar esos días nuevos fuera de la prohibición, podréis dar a luz.

Aquella noche las estrellas refulgieron en el cielo con un brillo espectacular, un destello especial que sólo Tot comprendía y que se tradujo en el nacimiento de los cinco hijos del cielo y de la tierra. Uno por cada día robado, uno por cada día añadido. Osiris fue el primogénito, seguido de Haroeris, Set, Isis y Neftis. Cinco días, cinco hijos. Así fue como Nut se convirtió en «La Grande que alumbró a los dioses».

*

Con el paso del tiempo, de entre ellos surgieron dos parejas de amantes. Set y Neftis se desposaron, al igual que Osiris e Isis. A simple vista, el amor de estos últimos era tan fuerte que se decía que ya desde el útero materno entrelazaban los dedos, embelesados. Para Isis, adorar al esposo

14

era tan sencillo como respirar. No había anécdota de la niñez o de la juventud que no manifestara el carácter generoso de Osiris. Recordaba una en particular. Los cinco hermanos jugaban junto al río cuando Set, siempre desafiante, propuso una carrera a lo alto de una colina.

—El primero que alcance la higuera, gana —gritó, sin dar tiempo a que los demás reaccionasen.

Ella intentó seguirlo corriendo, pero un pie se le quedó atrapado en una inoportuna raíz y aulló de dolor al doblárselo. Osiris, que ya estaba alcanzando a Set, regresó enseguida para ayudarla.

—No, tonto, corre, corre... Déjame —protestó ella, al ver que los demás avanzaban.

Pero él, liberándole el pie, la sentó a horcajadas sobre los hombros y volvió a ascender el abrupto sendero con ella a cuestas. Llegaron los últimos, claro. Haroeris había trepado a una de las ramas, presumiendo del segundo lugar. Neftis, mordisqueando un higo, observaba a todos, aburrida. Y Set, apoyado en el tronco del árbol, sujetaba entre los dientes una brizna de hierba.

—¡Ay, hermano! —le reprochó—. ¿No ves que tu bondad es un freno?

Osiris depositó a Isis a la sombra, con delicadeza.

—¿Y qué has ganado? —quiso saber, curioso.

—¡La victoria! —concluyó Set, golpeándose el pecho—. La satisfacción de coronar la cima antes que nadie.

Entonces Osiris estalló en una carcajada que, de inesperada, se clavó en la prepotencia de Set como un puñal.

—¿Te burlas? —refunfuñó éste.

—No, hermano, no —se disculpó Osiris mientras, de pie, se rasgaba un trozo de gasa del vestido—. Si tu felicidad es esta higuera, te la regalo.

No comprendió la respuesta.

—Has perdido —le recriminó Set, masticando cada sílaba.

Sonriendo, el mayor se encogió de hombros y se agachó junto a Isis para vendarle el esguince. Ella, agradecida, lo besó.

*

Tal y como recordaba su esposa, el corazón de Osiris siempre actuó al dictado contrario del de Set, cuidando de los más desfavorecidos. Por eso, al descubrir la torpeza de los hombres que se morían de hambre, incapaces de comprender las inundaciones del Nilo, decidió vivir con ellos,

e Isis lo acompañó en la aventura, dispuesta a ayudar en lo que pudiera. Como primer rey de los egipcios, Osiris enseñó al pueblo cuándo era momento de labrar la tierra, cuándo sembrarla y cuándo cosechar. Con las manos les ayudó a construir viviendas, indicándoles cómo dar forma al adobe y anudar los troncos de las palmeras. Para que vivieran en armonía, siendo sus dictados sabios y justos, les regaló las leyes que velaban por la convivencia y, con cariño, los presentó ante los dioses para que, con un culto sincero, éstos se apiadaran de los hombres y los protegieran.

Set observaba todo aquello con malsana curiosidad. No comprendía la pérdida de tiempo ni entendía por qué, en su interior, le amargaba la generosidad de su hermano, que se le antojaba insultante. «¡Dioses conviviendo con hombres!», escupía, con la amargura de un áspid. Aunque los repudiaba, se reconocía celoso del respeto que el pueblo le profesaba. Si alguien era admirable allí, ése era él. ¡Él! ¿Cómo no se daban cuenta?

—¿Acaso este dios no sería mejor rey? —le preguntaba a su reflejo en el agua, con los brazos en jarras—. ¡Soy el más fuerte!

Gritaba al aire, pero nadie contestaba porque nadie lo seguía. Por eso se prometió que pondría fin a aquella farsa y, paciente, aguardó el momento para actuar contra esa locura que le encendía las venas como brasas. Un día, el hermano mayor emprendió un largo viaje para compartir con las demás civilizaciones lo que con tanto éxito había creado en Egipto. Set pensó que aquella ausencia era la oportunidad, pero se encontró frente a una Isis poderosa que, venerada por el pueblo como a una madre, protegía con celo el legado de su esposo.

Tuvieron que caminar cientos de soles del alba al ocaso para que Osiris regresara del extranjero y Set encontrara entonces el momento oportuno del ardid. A las afueras de la residencia aguardó hasta descubrir al más enclenque de los sirvientes, uno que andaba siempre cabizbajo, arrastrando los pies, y le prometió hacerlo rico.

—¿Qué he de hacer? —demandó el lacayo.

—Cuando caiga la noche y mis hermanos duerman, entra en el dormitorio real, sé sigiloso y...

—¿No querréis que le mate? —protestó, asustado—. ¡No tengo valor!

—¿Qué dices, insensato? —Set fingió enojarse ante la idea—. Es una sorpresa. Acércate y mídelo. Averigua cuántos codos ocupa nuestro rey, de alto y de ancho.

—¿Sólo eso?

Set asintió malicioso.

—Sólo eso.

*

Unos días más tarde, el propio Set se presentó en la corte para sorpresa de Isis, que sabía que su hermano mediano jamás actuaba de un modo ni espontáneo ni generoso.

—Acude esta noche a mi morada, Osiris —le invitó, con una falsa alegría—. He reunido a nuestras amistades. Comeremos, beberemos y los tambores nos acompañarán para celebrar el éxito de tus viajes.

Incauto, el mayor se acercó y lo abrazó, tan sorprendido como complacido.

—Gracias, Set. Será un orgullo compartir la velada contigo.

Al contemplarlos tan cerca el uno del otro, a Isis se le erizó de golpe el vello de la nuca. Sintió un frío extraño y el tacto de un dedo que, húmedo, le arañó el cuello por detrás. Se giró rápidamente, pero allí no había nadie. Sólo percibió un ligero hedor a muerte que se desvaneció enseguida. Al volverse de nuevo hacia el amado, lo encontró tan satisfecho del encuentro fraternal que fue incapaz de advertirle.

De haberlo hecho, quizá lo habría salvado...

*

Avanzado el convite y cuando todos los invitados, incluido Osiris, se habían dejado seducir por los manjares y la dulzura de la cerveza aderezada con dátiles, el anfitrión se puso en pie y reclamó la atención de los agasajados.

—¡Tengo una magnífica sorpresa para todos!

A un gesto de la mano, los tambores vibraron y las puertas de la estancia se abrieron de golpe.

— ¡Un obsequio! —gritó.

Un grupo de sirvientes entró empujando un enorme objeto que colocaron en medio de la sala, acompañado del «pom, pom» constante de los instrumentos, que parecían latir como un corazón vivo.

—¡Acercaos, acercaos! —los convocó Set, invitándoles a formar un círculo alrededor—. ¡Contemplad la belleza de este féretro!

Los carpinteros más duchos llevaban semanas trabajando en la pieza y era cierto que poseía una elegancia extraordinaria: de rica madera de cedro, tallado a mano y pintado de vivos colores.

—¿Un presente? —vociferó uno de los invitados.

—¿Para nosotros? —insistió otro.

—Hagamos una cosa —dijo Set, como si la idea hubiera nacido en aquel mismo instante—. ¡Que lo conserve quien mayor provecho vaya a darle! El que consiga que su cuerpo quepa perfectamente dentro de él... ¡se lo queda!

Todos rieron divertidos, alzando las copas. Por supuesto, muy conscientes de la chanza porque conocían las secretas intenciones que escondía la proposición.

—Yo, primero —señaló un compinche, metiéndose dentro.

—¡Te falta media cabeza! —repuso otro—. Sal, déjame a mí.

—¡No te caben los pies! —bromeó otro más allá.

—Ni lo intentes —ordenó otro convidado, mientras salía del ataúd y señalaba con el dedo al más grueso de todos ellos—. Tú no, no cabes.

Las carcajadas envolvían el juego al ritmo incansable de los tambores. «Pom, pom». Y así fueron pasando uno tras otro, hasta que le tocó el turno a Osiris.

—¿Y tú, hermano? ¿Crees que será de tu medida? —le retó Set.

Alguien liberó al rey de la copa que sujetaba y lo invitó a acostarse.

Tendido hacia atrás y con los brazos cruzados sobre el pecho, Osiris encajaba perfecto. Lógico, había sido creado a su medida.

—¡Quepo! —exclamó victorioso.

Aún sonreía divertido cuando su hermano se asomó y le dedicó una mueca tan oscura como turbia, una que Osiris no supo interpretar. El eco de los tambores recitó el último «pom», las risas cesaron de golpe y, para cuando el monarca quiso levantarse, los compinches cayeron sobre él con la tapa del féretro y la trabaron con las espigas que lo cerraban. Conseguido el objetivo de aquella farsa, la mayor parte de los invitados se retiraron. La gran cámara quedó en silencio. Sólo se oían los golpes y los arañazos de Osiris que, como un ratón atrapado, trataba en vano de escapar.

Junto al ataúd, el hermano sonreía satisfecho.

\*

Faltaba poco para el amanecer cuando Isis se despertó de golpe, sudorosa y envuelta de nuevo en ese aroma putrefacto que le sabía a muerte. Encogida por una arcada, se sentó en el lecho. Al estirar el brazo y encontrarlo vacío, confirmó la ausencia de Osiris.

—¿Qué ha ocurrido, mi amor? ¿Qué? —rumió desde sus adentros, consciente de que la mitad de su corazón había dejado de responder.

Nadie entendería jamás lo unidos que estaban desde el vientre materno.

Las sirvientas trataban de vestirla tan rápido como deseaba, pero antes de acabar de adecentarla, Isis partió a la residencia de Set. A sus órdenes, los sirvientes llamaron a las puertas con furia. Pero al no recibir respuesta, ella misma se aproximó y golpeó la entrada con manos y pies.

—Abre, Set, abre —gritó, furiosa—. ¿Qué has hecho?

Su hermano, fingiéndose adormecido, se asomó por un arco superior y, agitando la mano en el aire con ademán aburrido, solicitó calma.

—¡Shhh, Isis! —protestó con pereza—, qué escandalosa eres... ¿Qué quieres? ¿Despertar a mis invitados?

—¿Dónde está, Set? ¿Qué le has hecho?

Él se carcajeó tan fuerte como pudo.

—¡No me digas que no ha vuelto a tu nido! ¿Habrá encontrado otro más ardiente?

Encolerizada, Isis apretó los puños y le exigió que le abriera.

—¡Pierdes el tiempo! —afirmó severo—. Aquí... ya no está.

Y dicho esto, desapareció.

*

Como el transcurso de los días no exime de la culpa, sino que la acrecienta, uno de los seguidores de Set se arrepintió y acudió a palacio a confesar a Isis todo lo ocurrido. No ocultó ningún detalle y relató cómo, ya sellado, una cuadrilla había portado el féretro hasta el río, donde lo lanzaron. Si, para entonces, Osiris no había muerto asfixiado, el agua lo habría logrado. Y, como era su propósito, la corriente habría arrastrado el ataúd hasta el mar. La diosa se puso en pie. «Perdido, mi amor, perdido», se decía. No podría venerar el cuerpo de su esposo si no lo encontraba; ni ungirlo con ungüentos, ni perfumes. Compungida, echó la cabeza hacia delante y se cubrió el rostro con el cabello, tan oscuro como la pena. Entonces, se cortó un mechón, se vistió de duelo y se prometió a sí misma que no regresaría a palacio si no era con Osiris.

Cansada de detener a cualquier persona del camino para preguntar si había visto la senda por la que había transitado el féretro, se sentó junto a un estanque donde jugaban varios niños. Se perseguían unos a otros, y ella, recordando su propia infancia, sonrió con amargura.

—¿Quién eres? —le preguntó uno de ellos.

—Me llamo Isis —contestó, sorprendida de que no reconociera a su reina.

—¿Estás cansada?

Ella asintió.

—Estoy buscando algo —explicó la diosa mientras se echaba agua por los pies para mitigar el ardor.

—¿Un tesoro? —el niño preguntó con los ojos asombrados.

—Sí —asintió ella, como en un juego—. Un tesoro. ¿Me ayudaríais a encontrarlo?

El jovencito corrió a buscar a los amigos y la diosa pensó que quizás, en su inocencia, se habrían fijado en detalles que para los adultos pasan desapercibidos. Apenas un rato después, el grupo regresó, empujando hacia ella a un muchacho que caminaba sonrojado.

—Cuéntaselo, cuéntale lo que viste.

El niño le susurró cómo se había despertado en medio de la noche y que, al asomarse, vio desfilar a unos hombres que gruñían, bajo el peso de una enorme caja. Con curiosidad, los siguió hasta el río. El pequeño reconoció haber sentido miedo al escuchar unos golpes fuertes que resonaban desde dentro y se volvió a la cama. Ella suspiró, dolida. «Seguía vivo cuando lo arrojaron al agua».

—¿Y sabrías volver al lugar?

—¡Claro! —dijo satisfecho, mientras ella, agradecida, lo despeinaba.

—¡Vamos!

Bailando los críos alrededor, marcharon todos juntos y, al llegar al recodo, rebuscaron sin éxito entre los juncos del lugar. El sarcófago ya no estaba, pero, para agradecerles la ayuda, Isis tocó un árbol cercano que, al punto, se llenó de enormes granadas, y mientras los niños, riéndose, las partían para devorar los frutos, ella hundió los pies en la orilla y caminó hasta el medio, allí donde el agua le llegaba a la cintura.

—Ayúdame, Osiris. ¿Dónde te fuiste? ¿A dónde has llegado?

Cerrando los ojos y sin moverse, sintió que el agua la arrastraba. El cuerpo se le balanceaba bajo una corriente imaginaria. De pronto, a la izquierda. De pronto, a la derecha. Serpenteaba por los recovecos del Delta hasta que, de repente, llegó al mar. Notó cómo las olas la succionaban, primero cálidas, luego más frías y, de pronto, se vio acunada hacia delante, lamiendo la costa, rozando la arena y... ¡Detenida! En la visión, trató de zafarse, pero algo la aferraba y la asía con fuerza. Miró hacia abajo. Eran las poderosas raíces de un tamarisco que, próximo a la orilla, atesoraba el ataúd como un regalo. Con los ojos de la distancia, vio cómo lo empujaban hasta las ramas que, como si fueran correas de cuero, se enroscaban a su alrededor para unirlo al tronco. Isis vio crecer el leño, protegiendo el objeto con la propia corteza. Una capa, dos capas, tres...

tantas que, de pronto, lo engulló por completo. Antes de perder aquella conexión, Isis sólo captó un rumor, un siseo que bailaba en el aire. Una palabra, dos sílabas: «Bi-blos».

Y la diosa emprendió el viaje hasta la costa del Líbano.

*

En todo aquel camino, aunque no perdía la esperanza, la belleza de su presencia sí lo hacía. Nadie que la hubiera visto la habría tildado de reina, y mucho menos de diosa. Apenas descansaba lo suficiente, y la ropa, ahora rota en jirones, no permitía sospechar su origen. Sin embargo, siempre que encontraba una fuente, se detenía en ella para tratar de recomponerse. En esos instantes de paz, en los que recobraba el ánimo, desprendía un aroma embriagador. Una fragancia que no recordaba a ninguna flor conocida, sino a todas ellas a la vez. Era divina, única. Aquella tarde, exhausta de tanto andar, se acercó a un pozo para asearse. Estaba poniendo en orden su cabello cuando se aproximó una doncella que la miró con curiosidad. Allá donde los dedos alargados de la diosa lo peinaban, éste se trenzaba solo, brillaba y desprendía aquella esencia cautivadora.

—¿Cómo lo consigues? —preguntó la sirvienta con curiosidad.

Isis no dijo nada. Sólo se encogió de hombros y le sonrió.

—Si yo tuviera tu arte —prosiguió la muchacha—, sería una de las principales al servicio de la reina de Biblos.

—¿La reina de Biblos? –repitió.

—Sí, mi señora. Deberíais verla. Adora la belleza.

—¿Me permites? —se ofreció Isis, tocando la cabeza de la sirvienta. Si aquella joven podía abrirle las puertas del palacio, bien merecía usar la magia.

Le bastaron un par de caricias para peinarla. A continuación, colocó las manos sobre las mejillas y, al punto, el aspecto de su piel resplandeció, tersa, luminosa... Al acariciarla, se contagió del aroma de la diosa. No había dado dos pasos cuando el resto de las sirvientas se aproximaron corriendo: «A mí, a mí, a mí... Tócame a mí».

Aquella misma tarde, la reina de Biblos se quedó asombrada de la apariencia de sus súbditas y de la exquisita fragancia que emanaban. Para cuando reclamó que le trajeran a la extranjera a la corte, Isis ya había recuperado su aspecto. Poseía tal atractivo y sus modales eran tan refinados que ambas mujeres se reconocieron la una en la otra.

—Quédate a mi lado —le propuso—. Necesito una nodriza para mi hijo.

Isis no pudo explicar la razón, pero en aquel palacio se sentía a gusto, en casa. Como si la otra parte que extrañaba de ella estuviera presente allí mismo. ¿Acaso sería la propuesta de amamantar al niño? No, se decía, era algo más íntimo, más cercano, más... suyo.

Para descubrirlo, aceptó el encargo. Aquella noche, cuando el niño lloró pidiendo ser alimentado, la nueva nodriza se acercó al canasto que lo acunaba. En verdad, el bebé era hermoso, rollizo, de ojos grandes y oscuros que la miraron con ternura. «¿Habría sido así nuestro hijo?», soñó Isis. Entonces, lejos de entregarle el pecho, le ofreció un dedo. El niño lo succionó con hambre y un fuego divino lo envolvió para quemar la parte humana y regalarle la inmortalidad. Chupaba la criatura agradecida de aquel alimento de dioses cuando, de pronto, los oscuros iris del niño le mostraron algo: una forma que se dibujaba en el interior de la pupila. Isis prestó atención. Era una columna. Una enorme columna de madera, alisada, que sustentaba el gran salón de aquel palacio. Sin dejar de succionar el dedo, el bebé le mostró lo que escondía en el interior: el ataúd de Osiris.

Asombrada, depositó al niño en la cuna, donde continuó ardiendo sin quemarse y, replegando los brazos sobre sí misma, la diosa se transformó en golondrina para llegar lo antes posible junto a su amado. Allí, en el salón más amplio, la columna de madera sujetaba la estructura y ella le daba vueltas y vueltas, sopesando cómo liberarlo. De repente, un terrible grito la detuvo. La reina había descubierto al niño, ardiendo en la cuna. Batiendo las alas deprisa, Isis la alcanzó a tiempo de pedirle al fuego que se detuviera y devolvió la criatura a la madre. La pobre reina no sabía qué le había impactado más: si el niño ardiendo o la golondrina que se había transformado en mujer ante sus ojos. Aún seguía temblando, cuando Isis la tomó de la cintura para calmarla y le explicó quién era.

—Soy Isis, hija de la diosa del cielo y del dios de la tierra. Hermana de Haroeris, Set, Neftis y mi querido Osiris, cuya caja yace en el interior de la columna de tu salón.

*

El rey ordenó separar la columna de madera, e Isis, con su magia, logró extraer el sarcófago con cuidado. Al retirarlo, rellenó el hueco de la columna con lino y aceite perfumado, y los monarcas, considerándolo una reliquia, decidieron conservarlo en el templo consagrado a la misma Isis. Para ayudarla a regresar, le cedieron un barco, y la diosa, sentada en la proa, abrazada a la caja, abandonó Biblos. Al entrar en Egipto, y para ocultarse del perverso Set, Isis mandó que los desembarcaran de noche, en una orilla solitaria. Allí, cuando los marineros se retiraron y se encontró sola, usó los poderes para levantar la tapa. Sin latido, la piel de Osiris se había enverdecido, los músculos yacían sin vigor y las facciones estaban hundidas y apagadas. Aun así, ella lo seguía viendo hermoso. Era su hermano, su esposo, su vida. Lo liberó del féretro y lo abrazó contra el pecho.

Lloró por él.

Lloró por ella.

Lloró por los hijos de ambos que ya no nacerían.

Sintió el mismo dolor que su madre cuando Re la condenó a no tener hijos. ¡Tiempo! «Tot le regaló tiempo y así pudo engendrar vida», se dijo. Pero ella, ella ya no disponía de aquel bien tan preciado. Ni tiempo, ni vida... Lo habría dado todo, ¡todo! Un último aliento. Un último instante, sólo uno, para concebir un hijo de los dos. Y entonces, pensó en ella mientras se secaba las lágrimas. Sí, en ella. Sangre de su sangre. Su poder no era suficiente, pero tal vez el de las dos... Al amanecer, Isis escondió el ataúd entre las marismas y partió a buscarla.

Sabía dónde la encontraría.

*

Sin embargo, a veces el destino es cruel hasta con los dioses. Y aquella misma mañana, Set decidió salir de caza por los pantanos. Apenas había apresado a varios cocodrilos para apaciguar la rabia que siempre sentía cuando los juncos le devolvieron un aroma peculiar, ese de mil flores que tan familiar le resultaba...

—¡Isis! –gritó, poseído por una rabia desbordada—. ¡Isiiiiis!

Pero la marisma le devolvió silencio.

Olfateó los pasos de la hermana en cada brizna, en cada sendero de tierra húmeda... hasta que, de un manotazo, apartó la vegetación y se encontró frente al féretro. Arrancó la cubierta de golpe y, cogiéndolo por el cuello, sacó el cadáver de Osiris.

—¿Cómo puedo deshacerme de ti? —chilló, asqueado.

La ira que le palpitaba en el pecho le obligó a usar el cuchillo y Set cortó el cadáver en catorce trozos. También cercenó el pene que, encolerizado, lanzó a la marisma. Para su sorpresa, un enorme pez brotó de ella y, antes de que tocara siquiera el agua, lo devoró. Una risa de satisfacción le ayudó a reforzar su decisión: escondería cada parte del cuerpo en un lugar distinto de Egipto. Así le robaría también la dignidad de ser enterrado.

*

Neftis sostuvo a la hermana por la cintura cuando encontraron el ataúd vacío, para evitar que se desvaneciera. Aunque fuera su esposo, o tal vez por eso mismo, conocía muy bien el carácter de Set y hasta dónde podía llegar. Las dos lo sabían.

—Escúchame —rogó, arrodillándose al lado de Isis—. Lo buscaremos. Recorreré todo Egipto contigo. Encontraste a Osiris una vez, lo volveremos a lograr. Juntas.

Isis la miró a los ojos. Por una vez la pequeña actuaba como la mayor. Era cierto. Se secó la humedad con el dorso de la mano y, decidida, se levantó. Set no vencería. Quizá poseía la fuerza bruta, pero ellas eran mucho más astutas. Cogidas de la mano recorrieron todo Egipto. Desde el delta del norte hasta Nubia, al sur de Asuán. Andando o transformadas en aves, escarbaron en desiertos, oasis, valles, llanuras y colinas y, tras mucho tiempo, consiguieron recuperar cada trozo. Todos menos el devorado por el pez. Así que Isis decidió moldear una pieza que lo susti- tuyera.

Aquella noche, Anubis, el guardián de las tumbas, acudió a la llamada de las diosas y, con paciencia, les ayudó a envolver el cuerpo. Con trozos de lino cubrieron cada uno de los pedazos recuperados hasta volver a conformar un todo. Sobre la figura, colocaron el falo de barro. En- tonces, Isis, recogiendo la fuerza de la hermana y la suya propia, se transformó en un bellísimo milano que, agitando las alas, se alzó sobre el reconstruido físico de su esposo. Los gritos agudos y potentes del pico regurgitaron la magia y reclamaron la presencia del amado en este mundo. Osiris acudió devoto, enamorado. Y ella, posándose encima con delicadeza, se quedó encinta. Fue un suspiro. Sólo uno. Suficiente. Devuelta a la forma humana, Isis se desplomó en el suelo, satis- fecha porque notaba el calor de Osiris latiendo en el interior de su vientre.

Antes de dejarse atrapar por un sueño reparador, Isis sintió la caricia etérea del esposo so- bre el cabello. Fue su despedida, antes de partir a gobernar el reino de los muertos.

—Recupera la esencia del nombre de nuestro quinto hermano, Haroeris —escuchó la madre desde dentro—. Llámale Horus. Mi hijo me vengará.

Un trono por derecho

# LA DISPUTA DE
# HORUS Y SET

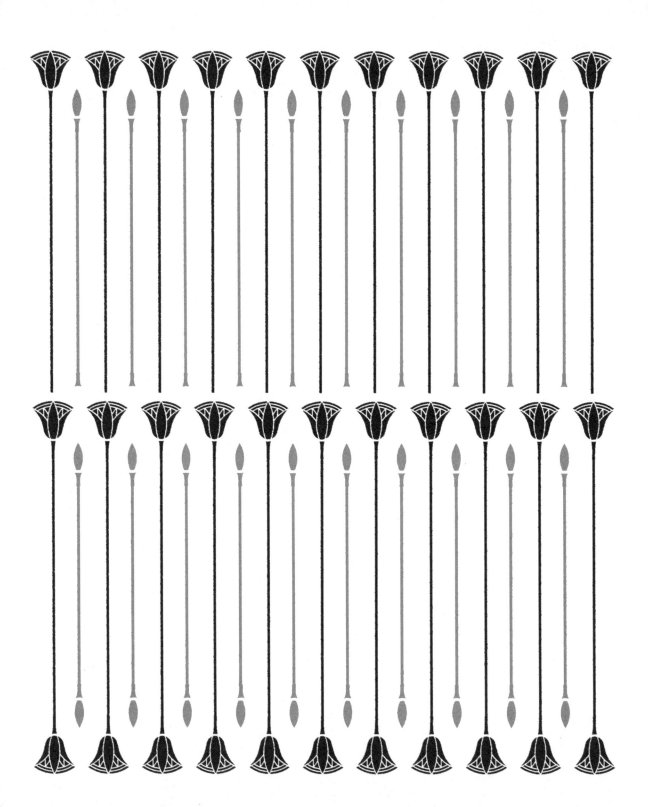

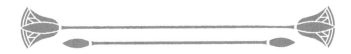

sis vivió la infancia de Horus huyendo y ocultando a su hijo de su hermano Set, quien, tras asesinar a Osiris, había usurpado su trono y gobernaba las Dos Tierras. Pero llegó el día en que los dioses, queriendo impartir justicia, se presentaron en asamblea ante el señor del universo para reclamar el lugar que consideraban que les era legítimo. La primera de las deidades que lo demandó fue Shu, el señor del aire y la luz. Las palabras fueron escuetas, pero sabias:

—Horus es el hijo de Osiris, Re. Ordena que le sea devuelto el trono para que se haga justicia.

El sabio Tot, que había protegido al vástago de Isis desde que era pequeño, lo ratificó.

—Un millón de veces lo reclamaríamos y un millón de veces debería serle concedido.

Como era lógico, también su madre defendió la causa ante los nueve dioses de la Enéada. Pero Re, dios y señor de todos, se mantenía indeciso. Deseaba lo mejor para Egipto y estaba convencido de que Set ejemplificaba el valor y la fortaleza que se esperaba de un soberano, no aquel a quien había visto crecer débil, un niño que había sido amamantado por su madre como si fuera una criatura humana, no un dios.

Compartiendo ese pensamiento de repulsa, Set quiso aprovechar la diferencia física que existía entre tío y sobrino para nivelar la contienda a su favor.

—Permíteme, señor, que Horus salga a luchar conmigo. Un cuerpo a cuerpo —demandaba, golpeándose el pecho—. Un rey debe ser fuerte para el pueblo que gobierna. Si no me vence, no merece el trono.

—Mientras esté vivo —le detuvo Tot—, suyo es. Es el hijo de Osiris. Y si el descendiente sobrevive al padre, ¿por qué ha de gobernar un tío por encima del primogénito?

Tratando de ganar una respuesta favorable a Set, Re solicitó la presencia del dios carnero de Mendes. Quizá la deidad del Bajo Egipto los ayudaría a dilucidar, pero el invitado sólo

amplió el círculo de opiniones, recomendando elevar la polémica a Neit, la madre de todos los dioses y del mismo Re, para añadir una nueva voz a la causa. Como escriba, Tot se encargó de la redacción y cuidó el mensaje, advirtiendo a la diosa que aquella reclamación le quitaba el sueño a su hijo, que no era capaz de decidirse en la causa. Pero la madre de todas las madres, lejos de compartir la simpatía por Set, fue tajante en el dictamen: «Devuelve el trono a Horus, Re. Le pertenece. Y, si lo deseas, compensa a Set. Otórgale el doble de propiedades y obséquiale con dos de las más hermosas diosas del extranjero. Astarté y Anat serían una formidable compañía para él. Pero —concluía la carta—, coloca a Horus en el lugar que le corresponde, el gobierno de su padre».

Molesto por la resolución de Neit, que fue aplaudida por los demás dioses, Re se enojó y, sin recapacitar en las palabras que le brotaban desde dentro, se levantó.

—Las encomiendas de un rey son demasiado grandes para ti —señaló con el dedo a Horus—. Tu cuerpo todavía es débil y tu boca... ¡tu boca todavía huele a la leche de tu madre!

Ningún dios había sido bebé, tampoco niño; venían al mundo con todas las habilidades ya gestadas. «¿Quién era aquel pequeño para alcanzar el nivel de los dioses? ¡Un niño de teta!», se decía Re. «¡De teta!».

*

Baba, uno de los dioses del tribunal, que siempre se había mantenido comedido y en silencio, encontró el comentario deshonroso e inapropiado. Enfurecido, insultó al dios de los dioses.

—¿Cómo te atreves? —osó replicar, ofendido—. Hablas así y no te das cuenta de que ya nadie te presta veneración. Eres un ídolo que se ha vuelto anciano, y tu capilla... ¡tu capilla ya no recibe quien te adore!

El gran dios lo miró; primero, sorprendido de la osadía de hablarle así, y un instante más tarde, apenado de la verdad que acababa de escuchar. Bajó la vista para contemplarse las manos. Cierto era que comenzaba a verlas distintas, un poco arrugadas, menos certeras, algo envejecidas. Pero ¿acaso había perdido la sensatez? ¿El respeto? Disgustado, se puso en pie y, sin detenerse siquiera a plantear una réplica, abandonó la sala, dolido. Las demás deidades se molestaron con Baba.

—¿Acaso no piensas antes de hablar? ¡Has cometido una terrible falta contra nuestro dios!

—¡Vete! —exigió otro.

—¡Márchate! —corearon los demás.

La audiencia se quedó vacía. Ante la ausencia de Re, que se había refugiado en la pérgola, todos se dirigieron hacia las tiendas. Se encontraban desconcertados porque algo tan sencillo como la legitimidad de un trono se había complicado hasta el punto de ofender al gran creador.

La diosa del amor, Hathor, también lo era de la alegría, y como conocía bien las pasiones del padre, se adentró en la pérgola para animarlo. Se desprendió de las vestiduras y danzó desnuda frente a él. Se acercaba, le rozaba el brazo, giraba alrededor, le acariciaba la nuca, le regalaba un beso en la mejilla... No tardó mucho tiempo en conseguir que Re olvidara la afrenta y volviera a convocar a los protagonistas de la reclamación, pidiéndoles que ellos mismos expusieran sus puntos de vista.

Set, empujando hacia atrás al sobrino de un codazo, se abrió paso el primero. Dio dos vueltas en silencio ante el tribunal, hinchando el pecho y con las manos a la espalda, para ostentar esa fortaleza que con tan buenos ojos juzgaba el señor de todos.

—Yo soy Set —alzó la voz, en medio de la audiencia—, el de mayor poder de los nueve dioses.

La sala se movió inquieta ante tal presunción.

—¿Dudáis? ¡Soy yo quien protejo a Re! Cada día que transcurre, desde la barca sagrada, asesino a más enemigos que ninguna otra de las deidades que estáis aquí presentes. Y mientras —matizó desafiante—, ¿qué hacéis vosotros?

El dios de los dioses lo miró complacido, ante el silencio de los demás. Era cierto que sólo aquellos brazos poderosos detenían el ataque de los seres del inframundo. A su lado se sentía seguro. Set poseía una gran destreza, puro músculo y rabia, cualidades acordes con un guerrero.

—Mis brazos y mi lanza son los únicos que pueden detener al enemigo para que nuestro creador se alce, día tras día, sobre el firmamento —proseguía defendiéndose Set—. Por eso, yo, y sólo yo, merezco el trono de Osiris.

Los dioses se dividieron. Cierto era que nadie poseía un físico como aquél, ni más certera puntería. Él protegía al gran dios y éste se sentía calmo en los viajes. Así lo veía el carnero de Mendes y así lo secundaron varios dioses más, debatiendo contra quienes consideraban una vileza que fuera el hermano materno quien secuestrara el poder de lo que a un hijo legítimo le correspondía.

La joven deidad se levantó para defenderse, solicitando el silencio de la sala con el gesto de una mano.

—Miradme, yo soy Horus, hijo de Osiris, soberano de Egipto —dijo mientras caminaba hasta ocupar el centro de la estancia, para ser visto por todos—. Soy carne de su carne. Su hijo, el heredero. Es un agravio y un insulto que se me convoque ante los nueve dioses para que me sea reconocido lo que es mío por derecho.

Todos enmudecieron. Quienes estaban a favor, nada más tenían que añadir. Pero el resto no se atrevía a pronunciarse. El silencio reinó un largo rato.

—¿No respondéis? —protestó Isis enojada, temblándole la voz de rabia mientras defendía a su hijo—. La exposición de Horus ha sido veraz en sus palabras. ¿De dónde nace este silencio? ¿Por qué calláis? Si no apoyáis una causa que merece justicia, avergonzaos de vuestro poder inútil.

La diosa se alzó y, con un gesto de izquierda a derecha, los observó a todos con desprecio.

—Os juro —indicó levantando el brazo para ratificar la amenaza que iba a proferir—, que seré vuestra conciencia y no cesaré hasta que Horus recupere el trono de su padre.

Toda la asamblea calló de nuevo. Algunos de los dioses agacharon la cabeza, avergonzados, y muy pocos sostuvieron la mirada inquisitiva de la hechicera.

Set, ofendido por las palabras de la hermana, se rebeló.

—¡Cobardes! —se atrevió a insultar a los dioses. Y de un salto, que dejaba patente su enorme fortaleza física, se volvió a colocar en medio de la asamblea.

—¿Cómo os proclamáis imparciales si la mayor interesada en la resolución del conflicto se encuentra entre vosotros? Ella, su madre, se atreve a jurar y os amedrenta. Pues... ¡a ver a quién teméis más! —reforzó alzando la voz—. Yo... ¡Os aniquilaré! —los amenazó—. Mientras Isis siga formando parte del tribunal que juzga la misma causa que ella representa, os arrebataré la vida. Uno por cada día de juicio, así hasta que todos... ¿Me oís? ¡Todos, estéis muertos!

Re golpeó el suelo con el báculo para detener el tono que había adquirido la discusión. Con aquella llamada de atención, nadie respiró, ni siquiera Set.

—¡Marcharemos todos a la Isla del Medio del lago! —sentenció el gran dios—. Todos menos tú, Isis, porque tu hermano lleva razón. Horus tiene su propia voz. La tuya no es precisa en esta contienda.

Ella quiso protestar, pero el gran dios levantó el bastón y la señaló para que ni lo intentara. Isis bajó la mirada y se contuvo.

—Advertid al barquero que os cruce el río —ordenó Re al resto de deidades, recuperando su posición de líder—, y decidle que, a su regreso, impida a Isis que llegue a la isla. Ni ella ni ninguna otra mujer —matizó consciente de las habilidades magas de su hija— deberán alcanzar nuestra reunión allí.

*

De pie, en la orilla, la diosa vio alejarse a todos los dioses hasta que la barca se empequeñeció tanto que desapareció de su vista. La separación del grupo no la había serenado. ¿Acaso creían que, apartándola así, iba a olvidar la promesa? ¡Nunca! De rabia, el corazón le latía en la garganta y le emponzoñaba el pulso. Isis buscó unos arbustos y se escondió tras ellos. Debía actuar rápido y sabía cómo. El bosque calló al escucharla recitar uno de sus poderosos conjuros. Al pronunciarlo, el cuerpo le comenzó a temblar, gritó de dolor al sentir que el peso de cientos de años la devoraba de golpe. Se le agrietaron las manos, se le descolgó la piel y el lastre terrible de los huesos envejecidos por una edad infinita la obligaron a doblarse por la mitad.

Cuando Anti, el dios errabundo, regresó con la barca, nada tenía que ver la anciana que le aguardaba en la orilla con la hermosura de Isis. Aquélla era una nonagenaria encorvada que arrastraba los pies, con la carga de un pequeño recipiente que apenas podía sustentar sobre la cintura.

—Muchacho —le dijo para hacer creer al barquero que la turbieza de los ojos no le permitía distinguir al hombre recio que tenía enfrente—, ¿me acercarías a la isla?

La voz caía pegajosa en el aire, como si la falta de dientes le entorpeciera el habla. El remero la miró, sorprendido de que aquel ser tan arrugado pudiera mantenerse en pie.

—Es imposible, anciana, márchese. Tengo órdenes de no dejar cruzar a ninguna mujer hacia la isla.

—No, no... —insistió ella—. Debo hacerlo, mira —abrió la olla y un embrujador aroma los envolvió—, aún está caliente. Crúzame, he de llevarlo o no comerá. El joven pastor que cuida del ganado cumple ya cinco días allí sin llevarse alimento a la boca. Desfallecerá sin mi socorro.

—¿Qué me daríais a cambio? —propuso Anti, abierto a que lo sedujeran.

—¿Esta hogaza de pan?

El barquero apoyó las manos en la cintura y, echando la cabeza hacia atrás, se rio de buena gana con la boca desencajada.

—¿Creéis que refutaría las órdenes de mi señor por un simple trozo de cereal?

El hombre negó agitando la cabeza. Ella, que había ofrecido aquella nimiedad como primer paso de su plan, provocó adrede un destello del anillo de oro que lucía en la mano. Sabía que aquello llamaría la atención del guardián.

—¡Qué tristeza! —señaló ella, disimulando—. El infeliz morirá de hambre entonces, pues nada más tengo en mi poder que os pueda ofrecer...

—Y... ¿ese anillo?

Poco después, cada vez que el navegante hundía la pértiga en el agua turbia para propulsar la embarcación, miraba complacido la pieza de oro que, ahora, lucía en el meñique. Pero la sonrisa del marinero distaba de alcanzar la satisfacción de la anciana que, sentada en la proa, se sabía victoriosa.

*

Tras alcanzar el destino, Isis no tuvo que adentrarse mucho para descubrir a los dioses que, en medio de un parque frondoso, comían junto a Re. Aunque había caminado sigilosa, bajo la forma de la vieja, se percató de que Set, alertado por el movimiento de sus pasos, se había levantado y se dirigía a su escondite. Conociendo la debilidad de su hermano por las mujeres hermosas, siseó unas palabras mágicas y la anciana decrépita se transformó en una joven bellísima. Para atrapar a su víctima, comenzó a bailar entre los pinos. Era muy consciente de que la seda blanca que la envolvía resaltaba la prominencia de sus caderas y contorneaba la generosa silueta de sus pechos. Moviéndose grácil, el cabello oscuro le acariciaba la espalda hasta besar las nalgas, y el dios, seducido por aquella figura, se acercó para observarla, ocultándose tras el árbol más próximo.

Consciente del escondite donde Set se había refugiado, ella se aproximó despacio y, como si estuviera decidiendo en qué parte del tronco se iba a recostar, alargó los dedos para acariciar el musculoso brazo de la víctima.

—Detente, bella mujer —le indicó Set sin osar moverse.

—¡Oh, disculpadme, señor! No creí que hubiera nadie en el bosque —mintió.

—Perdonadme, mujer, no quería asustaros... Os vi y me acerqué. ¿Danzabais sola? —le preguntó hipnotizado.

Ella no retiró la mano con la que lo tocaba. Él tampoco se apartó.

—Trataba de evadir mi pena —confesó melancólica, sin dejar de acariciarlo.

—¿Qué os ocurre?

—Vivo afligida cada día —exageró con un largo suspiro.

—Decidme qué ha pasado y os ayudaré.

—Hace ya mucho tiempo, me casé con un pastor de la isla con quien tuve un hijo —relató—. Mi esposo murió y su descendiente, como le correspondía, tomó propiedad del rebaño del padre. Pero un buen día...

Aquí Isis comenzó a llorar y Set, embaucado por su belleza, dio la vuelta al árbol. El dios pensó que, si consolaba a la mujer, la haría suya.

—Un buen día —repitió ella, mientras él la tomaba de las manos para calmarla—, se presentó un desconocido en nuestro establo. Era fuerte y poderoso. Mi vástago no podía hacerle frente, y el hombre, muy consciente de su ventaja física, amenazó a mi hijo y le arrebató el rebaño, su rebaño, nuestro rebaño... ¡Todo!

Set tomó a la mujer por la cintura, atrayendo hacia sí aquel cuerpo exuberante.

—¿Podréis interceder por mí? —le rogó ella, acariciándole el mentón, casi a punto de besarlo.

—¡Así lo haré! —confirmó Set, seducido por aquellos labios carnosos que le hablaban—. ¿Cómo es posible que permitan a un extraño quedarse con las reses cuando el verdadero heredero está vivo?

Entonces, la mujer se deshizo entre sus manos y, para sorpresa del dios, alzó el vuelo, convertida en un milano.

—¡Tus propias palabras te condenan, Set! —proclamó Isis desde las ramas más altas, para ser escuchada en toda la isla.

Consciente del engaño de su hermana, Set gritó enfurecido. ¿No se suponía que Anti no la podía dejar llegar a la isla? «Barquero inútil», escupió. Y, regresando junto a los dioses, arrastró los pies con tal furia que la tierra temblaba a cada paso. Cuando alcanzó el lugar donde se sentaba Re, culpó al marinero de haber permitido la entrada de Isis en la isla.

—Mándalo traer y castígalo —exigió—. Ha osado desobedecer tus órdenes.

Al remero se le desollaron las plantas de los pies y el sufrimiento le resultó tan terrible que ya nunca más se acercaría a una pieza de oro.

El gran dios no se quedó indiferente ante lo ocurrido en la isla. Era cierto que Isis había desobedecido sus órdenes, pero Re supo reconocer la astucia. Aquella estrategia había puesto de manifiesto la única verdad: de no estar relacionado con él mismo, Set habría defendido la legitimidad del heredero, igual que había estado dispuesto a proteger al supuesto pastor. Así que, después de tanto tiempo, Re mandó a los demás dioses el dictamen final: «Horus ha de recuperar el trono de su padre Osiris».

Los nueve, que ya se encontraban en oriente cuando recibieron la noticia, la festejaron. Creían que, con esa decisión, la contienda se detendría por fin; pero no fue así. Set volvió a alzar la estruendosa voz.

—Dejadnos que lo resolvamos nosotros, no un dictamen nacido del engaño. Que midamos nuestras fuerzas. Quien gane será el digno merecedor del trono.

—¿Y cómo nos enfrentaremos? —replicó Horus, dispuesto a aceptar el desafío.

—Demostremos nuestra resistencia —le retó—. Nos transformaremos en hipopótamos y lucharemos en el agua. Aquel que aguante tres meses, se proclamará soberano de las Dos Tierras.

*

El río abrazó a los dos enormes animales que, jornada tras jornada, arremetían uno contra el otro. Bajo el agua emitían chasquidos desafiantes, y cuando la pelea afloraba a la superficie, se los veía emerger con las mandíbulas abiertas, chocándolas una contra otra, tratando de hundir los soberbios colmillos inferiores en la carne del enemigo. Bramaban y los rugidos se escuchaban tan feroces que hasta los cocodrilos se alejaban de su lado. Sin embargo, quien no temió la brutalidad del duelo fue la propia Isis que, como había prometido, se dispuso a ayudar a su hijo. Subió a una barca y se adentró en el agua. La superficie estaba calmada porque los litigantes reponían fuerzas en el fondo, dormitando. Presos de su forma animal, ascendían dormidos para respirar y regresaban al fondo sin abrir los ojos. Así, Isis encontró la oportunidad de acercarse a las criaturas sin ser vista. Se colocó en la proa, preparó un arpón sujeto a una cuerda y, en cuanto distinguió el lomo grueso de uno de ellos, lanzó la afilada arma y rasgó una de aquellas gigantescas patas.

—¿Qué haces, madre? —Escuchó una voz que, dolorida, brotaba desde el agua—. Soy Horus, ¿cómo hieres a tu propio hijo?

Asombrada del error, Isis tiró de la cuerda y lo liberó del arpón. Nerviosa y casi temblando por aquel infortunio, se giró rápida, lanzando el arpón contra el otro hipopótamo. Éste, nada más sentir el metal, surgió del agua, dolorido.

—¡Isis, Isis! —le recriminó Set en un lamento, angustiado de poder morir de un modo tan innoble. ¿Acaso era justo ese final para un guerrero tan bravo como él?

Ella se quedó petrificada y el animal la miró a los ojos, con esos globos oculares tan enormes que, de pronto, parecían solicitarle perdón.

—Sé el daño que te he infligido, hermana —profirió el hipopótamo, lastimero—. Créeme, lo lamento.

La diosa dudó. El agua había comenzado a tintarse de la sangre del animal herido; si ella clavaba el arpón con más fuerza, le daría muerte. Pero el corazón la detuvo. Nunca había escuchado a Set humillarse así. ¿Se arrepentía de verdad? ¿Era probable que el encuentro en la isla lo hubiera llevado a retractarse? Escrutó las pupilas de la bestia y se perdió en el interior del iris, que brillaba con un color canela oscuro y triste. La Isis clemente no dudó y retiró el arpón.

—¡Nooooooooo! —gritó entonces Horus, al entender que su madre había tomado partido en favor de Set.

La rabia arrancó a su hijo del agua y, de un poderoso salto, recuperó la figura humana. Entonces, Horus, sacando la enorme daga que llevaba prendida a la cintura, se acercó a su progenitora por la espalda y, preso de una furia desmedida e incontrolada, le cortó la cabeza. El miembro amputado cayó al suelo de la embarcación y, al lado, el arma. El hijo se quedó observando ambos objetos, petrificado. Cabeza, cuchillo. Cabeza, cuchillo. Las dolidas pupilas de Isis lo miraban, sorprendidas. El metal del arma brilló, desafiándolo. Lo recogió y enjuagó la sangre en el río. La ira de sentirse despreciado todavía le golpeaba en las sienes, sin dejarle pensar. Tomó la testa de la madre por el pelo y saltó al agua con ella, camino de la orilla. No sabía interpretar lo que sentía: odio, rabia, vergüenza... Pero, desde luego, no compasión. Ahora, Horus necesitaba caminar, huir, refugiarse, quedarse solo. Set, todavía preso del aspecto acuático, lo vio marcharse por el sendero que llevaba a las montañas, abrazado a la cabeza de la madre. Aunque ya no era un hipopótamo, su sobrino seguía bramando.

*

Nada más entrar en el recinto divino, Re se espantó al encontrarse con una figura de piedra que le entorpecía el camino.

—Pero... ¿qué hace aquí esta estatua a la que le falta la cabeza?

Tot, que siempre había mostrado un cariño especial por su protegida, se acercó muy dolido.

—Es Isis, mi señor —le explicó—. Set la trajo desde el río, donde su hijo Horus le cortó la cabeza.

—¿Horus? —repitió inquieto el dios de los dioses, incapaz de entender aquel hecho—. ¿Quieres decir que Horus ha cercenado la testa a su propia madre?

—No os preocupéis, mi señor, yo podré rellenar el vacío de Isis, colocándole la cabeza de una vaca —ofreció el dueño de la inteligencia, para que la diosa recuperara un cuerpo completo.

Pero la frustración que experimentaba el gran dios ante la crueldad de un hijo contra su madre se apoderó de él.

—¡Buscadlo! ¡Buscadme a Horus enseguida! —gritó Re a la Enéada—. Lo quiero ante mí para que reciba el severo castigo que merece este delito.

*

Sin saberlo, las deidades partieron en sentido opuesto al camino que había tomado Horus, pero Set no les advirtió del error. Al contrario, guardó la información para sí y, cuando el día había avanzado, marchó él solo hacia las montañas. No tardó mucho en encontrarlo. Refugiándose del sol abrasador, el sobrino dormía, boca arriba, bajo la sombra de un gran árbol. Entre las ramas, Set distinguió la cabeza de la hermana, y, antes de dar tiempo a su sobrino a reaccionar, saltó sobre él. El ataque fue tan inesperado y rápido que la víctima no discernió si estaba ocurriendo en realidad o formaba parte del sueño. El tío se había sentado sobre él, a horcajadas, y con una fuerza descomunal, le apresaba las muñecas por encima de la cabeza. Inmovilizado, Horus observó cómo la mano de Set se le acercaba al rostro. Fue lo último que vio, porque, sin piedad alguna, Set tensó los dedos y, como si fueran una cuchara, le sacó los ojos.

Nada más lograr el objetivo, se puso en pie. Al sentirse libre, Horus se replegó de rodillas, buscando a tientas el tronco del árbol para apoyarse y levantarse, pero apenas pudo avanzar. Las fuerzas se le desvanecían tan rápido como la sangre le brotaba por las cuencas vacías. A cuatro patas, se detuvo y se llevó las manos a los ojos, hipando aterrorizado. Pero Set no prestó la menor atención a su dolor. Todo lo contrario, avanzó varios pasos alejándose, se arrodilló y cavó un pequeño hoyo, donde enterró los glóbulos oculares del sobrino. Con el transcurrir del tiempo, de ellos nacerían dos bulbos que prosperarían en sendas flores de loto, muy hermosas. El vengador se sonrió satisfecho, imaginando que aquel despojo de dios jamás las podría contemplar.

Para cuando volvió con las demás divinidades, que se lamentaban frustradas por no haber encontrado a Horus, Set se retiró a sus aposentos, sin decir nada de lo que había ocurrido.

*

—¿Quién eres? —le preguntó ella al encontrarse con aquel ser perdido en el desierto.

—Soy Horus, hijo de Osiris e Isis.

Hathor, la diosa del amor, examinó su aspecto y lo encontró terrible: el rostro vacío, con aquellos huecos oscuros y la sangre seca que se había derramado como cascadas, a ambos lados de la cara.

—¿Qué te ha ocurrido? —le dijo, tomándole de las manos para serenarlo.

—Es el pago de mi propia fechoría —se lamentó él—. Mi tío, con quien llevo más de ochenta años luchando por el trono que me corresponde, me arrancó los ojos porque, insensato, corté la cabeza de mi madre.

Ella, que sabía leer la verdad del corazón, se compadeció de la tragedia.

—Déjame ayudarte, Horus. Pues ambos os dejasteis arrastrar por la iracunda fuerza de la venganza.

Hathor lo sentó y, a su lado, tomó leche de una gacela y, con extrema delicadeza, le untó las cuencas mientras recitaba las fórmulas secretas de su poder. Al punto, se le regeneraron los ojos y le devolvió la vista.

Recuperado, la diosa lo acompañó ante la audiencia divina y allí los nueve escucharon con detalle todo lo ocurrido, tanto en el río como en la posterior reacción de Set. Arropado por sus dioses, el creador del universo les advirtió que aquella lucha tan encarnizada y brutal debía llegar al fin.

—¿Qué sentido tiene vuestra pelea infinita? En pro de la paz, deponed vuestra actitud. Así os lo ordeno, reencontraos y festejad que, en lugar de un severo castigo para ambos, se os concede otra oportunidad. Enterrad la enemistad y celebrad vuestro reencuentro.

—Prepararé un convite, mi señor —explicó Set, ratificando su buena voluntad.

A Horus se le antojó sincero y asintió, complacido.

—Comeremos y reposaremos juntos.

*

Tan pronto como cesó la música de la celebración, los sirvientes les prepararon una cama para descansar y el anfitrión invitó a Horus a yacer a su lado. Set aguardó a que todo quedara en silencio y, cuando imaginó que su sobrino dormía, se echó despacio sobre él, tumbándolo boca abajo para sodomizarlo. Horus, que no se había atrevido a conciliar el sueño sospechando de la naturaleza oscura de su tío, fingió seguir adormilado y, con una mano, recogió el semen. Tan pronto Set se giró hacia su lado del lecho y encontró el sueño, el sobrino abandonó el palacio para informar a la madre.

—He guardado aquí el semen de Set —le mostró, tendiéndole la palma—. Ha tratado de tomarme mientras me creía dormido.

Ella, sin pensárselo, le cortó la mano de inmediato y la lanzó a la marisma. Luego usó la magia para que la extremidad brotara de nuevo y mientras ésta renacía, dedo a dedo, entendió el propósito de aquel sucio ardid.

—Escucha, Horus —le dijo—, toma este recipiente y vierte en él un poco de tu semen.

—Pero, madre...

No le permitió acabar la frase.

—Ahora.

*

Ya había amanecido cuando Isis entró por la parte de atrás del palacio del hermano, directa al jardín y, como sospechaba, se encontró al siervo enfrascado en los quehaceres.

—Qué hermoso jardín —señaló ella.

—Y buen trabajo cuesta, mi señora —le replicó, orgulloso.

—Seguro que Set premiará tu esfuerzo cuando aprecie el sabor de lo que cultivas.

El jardinero asintió.

—¿Qué plantas son sus favoritas? —continuó Isis.

—Sin duda las lechugas. Cada día viene a por una de ellas, son crujientes y refrescantes.

Ella se sonrió y, en un descuido del hombre, esparció el semen del hijo sobre todas ellas. Inconsciente, al acudir al huerto, Set devoró las hojas verdes, aderezadas con las semillas de Horus.

*

Al día siguiente, ambos dioses decidieron presentarse ante el tribunal. Habían dispuesto no ejercer violencia física por el trono, así que solicitaron audiencia para dialogar sobre ello. Al menos, eso es lo que creía Horus, pero no Set.

—A la justicia de los dioses me remito —comenzó el discurso—. No volveremos a discutir sobre el trono de Egipto porque Horus es... ¡Indigno de él!

Una corriente de murmullos recorrió el foro.

—La noche que acudió a mi casa a celebrar nuestra reconciliación, Horus me permitió poseerlo y ahora mi semen descansa en su interior.

La solemnidad con la que estaba exponiendo los argumentos se vio truncada por una sonora carcajada de Horus.

—Qué divertido —aplaudió el sobrino, sin dejar de reír—. Eso no ocurrió así. De serlo, podríamos probarlo. Tot, por favor —invitó al escriba—, ¿nos ayudas?

Solícito, el dios se acercó y colocándose entre ambos, convocó al semen de Set para que se manifestara. La respuesta llegó del cielo abierto, en el interior de la marisma, donde Isis había lanzado la mano infectada del hijo.

Set enfureció. ¿Cómo era posible?

—Ahora —continuó Horus, asentando cada palabra con un tono majestuoso—, descubramos la verdad. Tot, convoca a mi propio semen.

El eco de respuesta resonó en el interior de Set, donde reposaba desde que ingiriera la lechuga rociada con sus semillas. Todos los dioses enmudecieron, asombrados.

El dios de la sabiduría dio dos pasos y extendiendo las manos, gritó:

—Yo te invoco. Sal por la frente de tu guardián.

Un disco luminoso apareció sobre la cabeza de Set que, para su asombro, no comprendía cómo su propia estrategia se había opuesto a él. Cogiéndolo con la mano, iba a estrellar el haz de luz contra el suelo cuando Tot lo detuvo y lo colocó sobre su cabeza.

Set se negaba a ceder el poder del trono y propuso una última prueba: un combate de barcas. Horus, que, con aquella demostración de astucia, se había ganado el beneplácito de los demás, sonrió. La confianza en sí mismo le aumentó y, heredero del saber de la madre, se le ocurrió otro truco. Diseñó una barca de cedro, el propio de las embarcaciones divinas. Pero, para engañar al tío, la cubrió de una fina capa de yeso. Set, espiándolo, creyó que algún conjuro jugaría en favor de la piedra, así que talló toda la barca con la más dura roca.

El cedro disfrazado flotó sobre el agua con una estabilidad increíble. La de Set, sin embargo, apenas había sido fletada cuando se hundió pesada y repentinamente. Cuando, dentro del agua, el tío escuchó las risas de todos, enfureció y, volviéndose a transformar en hipopótamo, arremetió contra la embarcación de Horus, dispuesto a voltearla. Defendiéndose, Horus asió el arpón en alto, pero los demás dioses intercedieron para evitar que lo lanzara.

Cansados de tanta lucha, Horus escribió a la madre de los dioses para que mediara entre ellos de nuevo porque no se había seguido el consejo inicial y, además, en todos los duelos, Horus había vencido, pero Set no lo admitía. Aun así, nadie encontraba una solución hasta que, de nuevo, Tot defendió una salida.

—Si lo que está en juego es el relevo del trono de Osiris, escribámosle. Quién mejor que el señor del inframundo, quien juzga a todo el que lo alcanza, para que nos ayude.

Y así se hizo.

La respuesta no se zanjó enseguida, pues Osiris no comprendía cómo se había despreciado su poder y no se legitimó a su heredero desde el primer momento. Lo calificó de estafa, y entre ambos dioses, Re y Osiris, comenzó una batalla dialéctica en la que se cruzaron varias misivas. Sólo una fue decisiva. Aquella en la que el rey del inframundo los amenazó con desatar la furia de sus huestes.

—Son feroces los emisarios que puedo enviar a vuestro mundo —recogía la carta—. Ellos devorarán con gusto el corazón de quienes cometáis esta injusticia.

A los dioses, aquella alusión a la destrucción no les agradó en absoluto.

—En mí acaba todo —continuaba la carta—. Las estrellas vienen a dormir al reino de Osiris y, al igual que ellas, terminaréis junto a mí.

\*

Nada consiguió mayor efecto y, a propuesta del propio Set, que también experimentó el temor de despertar la furia de Osiris, se reunieron en la Isla del Medio, donde declararon que Horus accedería como el verdadero y único soberano. Isis fue la primera de las nueve deidades que se postró ante él para reconocer, por fin, su autoridad. Se tendió y, al levantarse, sonrió satisfecha. Lo habían logrado. Tras ella, el resto de los dioses mostraron sus respetos. Desde la tierra, los hombres también aplaudieron la elección. Deseaban vivir en la misma abundancia de su padre, quien les había otorgado el trigo y la cebada. Querían poner fin a los largos años de sequía y destrucción de su ausencia. Para complacencia humana, de la estirpe de Horus nacerían todos los faraones que gobernarían las Dos Tierras.

A su vez, el creador encontró el lugar propicio para su protegido. Lo mantendría a su lado, en la barca divina que cruza el cielo. Desde ella, cuando Set ya no puede contener el mal genio y nota que la rabia le trepa por la garganta en frustración, desenvaina un trueno y lo lanza al mundo con un tremendo estruendo. Cuando los hombres lo oyen, se atemorizan de su poder. Y él, viendo que aquellos seres insulsos corren a protegerse, temblando de miedo, cruza los brazos sobre el musculoso pecho y sonríe, satisfecho.

El don más preciado

# LA LEYENDA
## DE ISIS Y RE

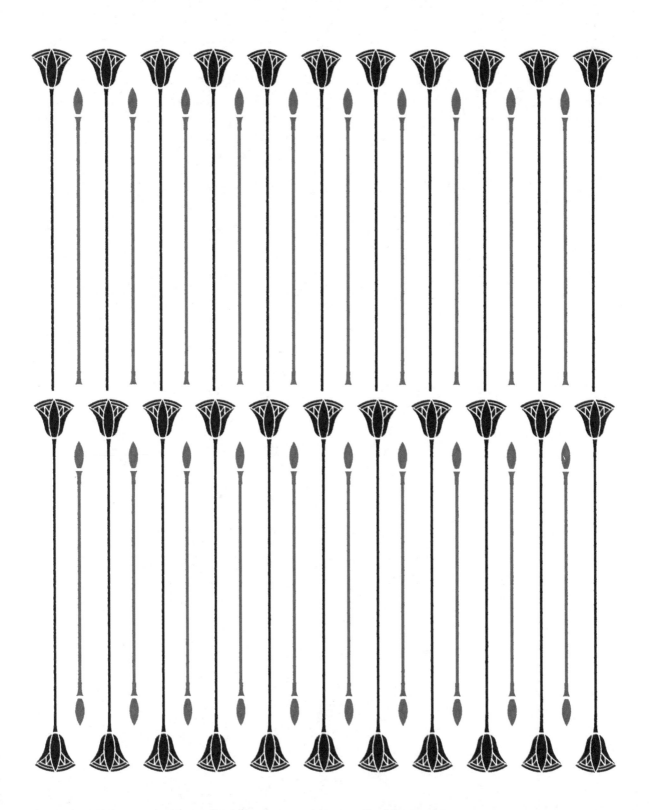

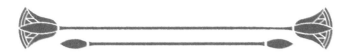

Mandyet, la embarcación divina de Re, el dios creador, mantenía la misma singladura. Desde que naciera, ya adulta, la diosa Isis recordaba haber visto la barca todos y cada uno de los días surcando el mismo cielo. El transporte divino emergía al alba desde el oriente, cruzaba hasta alcanzar el cenit y terminaba el periplo en el peligroso occidente. Allí, engullido por la oscuridad, se adentraba en el reino de los muertos, donde un invencible Re se enfrentaba a una colosal serpiente que lo atacaba sin descanso ni piedad. Isis conocía el duelo que tenía lugar en la Duat cada una de las noches y, aunque de joven observara el periplo de la barca de millones de años con admiración, ahora era el recelo de madre el que la obligaba a otear el trayecto, atenta al hecho de que el gran dios padre ya no viajaba solo sino con el enemigo de su hijo.

La apariencia humana de Re lo había recluido dentro de un cuerpo que envejecía, igual que el de los hombres. Atrás quedaba la figura arrogante de aquella deidad que no temblaba al dirigir el navío y que sobrevivía al reptil del inframundo. Arrugadas y temblorosas, las manos de Re apenas tenían fuerza ya para sostener el báculo que le permitía andar. Por ello, ya nunca viajaba solo y, en cada jornada, le acompañaban otras deidades en esa vuelta cíclica. La más poderosa de aquellas compañías, la más cruel y sanguinaria y que gozaba de la confianza de Re, era Set, el asesino de Osiris, su propio hermano y marido de Isis. Por eso, la diosa siempre contemplaba el cielo con angustia.

—Se llama Apofis —apuntó Tot, mientras prestaba atención al tablero del juego que los separaba.

—¿Perdona? —refutó Isis, deslizando una pieza del senet sobre la madera.

—La serpiente en la que estás pensando. El gran ofidio que levanta bancos de arena para frenar la barca divina de Re se llama Apofis.

Isis no fingió sorpresa porque Tot le hubiera leído el pensamiento; conocía bien las habilidades del dios de la sabiduría.

—No me preocupa el gran ofidio —replicó ella—. Es mi hermano quien me perturba.

—¿Temes que la serpiente lo engulla? —contestó irónico Tot, mientras jugaba su turno.

Ella lo miró sin comprender la ironía, arrastrando otra ficha hacia delante.

—¿Querrás decir que si me apena que sea Set quien devore al ofidio? —matizó, imaginando a su hermano capaz de arrancar la testa del enemigo de un mordisco.

Tot se sonrió. En realidad, quería restar seriedad a la conversación que abrumaba a Isis; como descendiente de su adorada Nut, la quería como si fuera su propia hija y percibía el sufrimiento de aquellas palabras.

—No —continuó ella, explicándose y ganando otra ficha más—, me inquieta que mi hermano aproveche la debilidad física del gran dios para que medie a su favor. Cada noche, cuando regresa la barca victoriosa, ostenta todo el mérito ante los demás dioses. Él es quien luce ensangrentado tras herir a la bestia y, puedes creerme, sé reconocer el orgullo en la mirada de un padre.

—El trono de Horus es legítimo, Isis. Es el digno sucesor de Osiris, no Set —rebatió Tot, al sospechar la preocupación que escondía el comentario—. Así lo reconoció la asamblea de los dioses, incluido el propio Re.

—En contra de lo que deseaba el corazón de Re, querrás decir —matizó ella, apesadumbrada, recordando el largo litigio sufrido por su vástago—. ¿Sabes cómo llama el pueblo a Set?

Su protector negó con la cabeza.

—El bien amado de Re. ¡El bien amado! —repitió ella, alarmada—. Carece de bondad para con los hombres... Jamás será un buen soberano, Tot.

Enfurecida, siguió avanzando sobre el tablero.

—Para que así ocurra, Isis —trató de calmar a la diosa—, Set debería quitarle a Re el poder. Y eso es algo que excede su forma física. En ese caso, tendría que...

Al pronunciar esa frase, ella alzó el mentón, como una leona que acaba de olisquear un cervatillo y lo miró, confiando en que siguiera avanzando sin prestar atención a la conversación; pero él, a quien le tocaba mover, se quedó quieto, sorprendido por la reacción de su contrincante. ¿Cómo no se había dado cuenta antes? «¡Ay, Tot, Tot!», se recriminó, burlándose de sí mismo. «¿No eres el dios de la inteligencia?». El protector de Nut, la madre de Isis, que había conseguido añadir cinco días al calendario para que los cinco hermanos pudieran nacer pese a la prohibición de

Re, se llevó la mano a la boca para tapar una sonrisa, nacida entre la sorpresa y el orgullo. Isis era astuta, muy astuta, ¡vaya si lo era!

—En realidad... —dijo Tot, retirando una ficha del senet—, ¿no me has visitado hoy para jugar, verdad, Isis?

Ella negó rotunda, consciente de haber sido descubierta e incapaz de seguir mintiendo.

—Me has hecho que te leyera la mente, viajando a la barca y a la serpiente, para arrastrarme a este punto de la conversación —indicó él—. ¡Qué ingenuo he sido!

La diosa se levantó y, cariñosa, lo besó en la mejilla.

—No te enojes —se disculpó.

«¿Cómo hacerlo?», se dijo Tot, condenado para siempre a querer a la hija de su amada Nut, diosa del cielo.

—¡Está bien! ¡Está bien! —se rindió, consintiéndola—. ¿Así que era esto lo que querías saber? Te estás preguntando cuál es el punto débil de nuestro dios creador, ¿verdad? ¿Esa debilidad que no es accesible para Set?

A ella se le iluminaron los ojos. Ése era el camino. Isis temía que, con la vejez, Re cambiara de opinión respecto al trono de su hijo. Pero si ella encontraba la forma de ganar el poder de Re, antes incluso de que su hermano lo sospechara, consolidaría la legitimidad.

—La fuerza del dios supremo no radica en el físico del anciano, Isis —ella lo escuchó muy atenta, aguardando la clave—. El poder de Re vive en su interior.

Desconcertada, se mordisqueó el labio, moviendo inquieta otra ficha azul. ¿En el interior?

—¿Acaso conoces su nombre? —insistió él, dándole una pista.

—El gran dios posee muchos, Tot. Es Jepri por las mañanas; Re, al mediodía, y Atum en las horas vespertinas. Cualquier niño de Egipto sabe reconocer al gran soberano en sus tres formas.

Su oponente negó con la cabeza.

—Todos los dioses tenemos muchos apodos, Isis, la gran maga... —puntualizó con sorna, aludiendo al de su invitada—. Pero sólo uno de ellos nos concede el verdadero poder. Sólo uno —matizó—. Nada existe, nada vive sin un nombre.

—¿Como en los tiempos primigenios? —señaló Isis.

—Exacto. Recuerda la oscuridad y la gran extensión de agua del Nun. Nada era antes de que el dios primigenio surgiera en la isla para dar un nombre único a cada cosa. El viento, las gotas de lluvia, tus propios padres: señores del cielo y de la tierra, el Nilo, los hombres, las mujeres... Todo ser, vivo o inerte, existe porque Re lo llamó por el nombre, por su nombre único.

—Así que la llave del poder de Re es descubrir su verdadero... ¿nombre?

Él asintió, avanzando una pieza.

—Nadie lo conoce. Está oculto dentro de su propio cuerpo.

La diosa se levantó y, antes de alejarse del tablero, movió una última pieza.

—Te he ganado.

Tot observó el final de la partida y se reclinó hacia atrás, sonriendo.

—Siempre fuiste muy hábil, Isis. Siempre.

\*

El día, que ella tanto había planeado, amaneció bañado en hermosos tonos rojizos. De nuevo, Set debía de haber arañado las escamas de la criatura del inframundo y las heridas de la serpiente tintaban el cielo. Resentida, imaginó a su hermano henchido de orgullo, con la piel salpicada todavía de sangre, la musculatura tensa y los ojos vívidos de poder, esperando ser recompensado. Isis lo sabía impetuoso, lo que acortaba el tiempo. «¿Podrá la astucia, mi habilidad, vencer a la fuerza física de Set?», se preguntó. «Sí, sí lo logrará», se dijo confiada.

Con paciencia, Isis aguardó entre unos matorrales y esperó la presencia de la barca que, como todos los días, arrancó por oriente el ciclo vital. Ahí estaba. La diosa reconoció los tonos dorados, el murmullo de la madera al rozar el viento. Ella se movió despacio, entre los matorrales, para ocultarse bien; no quería que Set ni ninguno de los otros dioses que viajaban en la embarcación advirtieran su presencia. Al levantar la vista, observó que algunos de ellos, apoyados en las lanzas, descansaban de la batalla. Se les veía agotados. Un poco más atrás, en la popa, recostado sobre la madera sagrada, descubrió la figura del dios padre. La cabeza de Re colgaba fuera de la embarcación, acompañada de un brazo que se mecía con el vaivén. Dormía profundamente, sin conciencia. Tanto que, como ella había imaginado al ver dormitar a otros ancianos, babeaba.

Y... ¡plof!

La saliva divina cayó al suelo.

\*

«Espera, Isis», se dijo. «Espera a que se vayan». No se movió hasta tener la seguridad de que la barca había avanzado lo suficiente y que, de ese modo, no podían atisbarla desde lo alto. Entonces, todavía sigilosa, salió del escondite y caminó hacia el sitio en el que había calculado la trayectoria de lo que tanto deseaba.

—¡Aquí estás!

Sin tiempo de absorber la saliva del gran dios, la tierra había creado un pequeño charco con ella. De rodillas y con cuidado, Isis clavó los dedos alrededor y comenzó a cavar un hoyo, apilando a un lado la tierra sobrante. Hurgando en la humedad se sintió feliz por un momento y pensó que aquélla debía de ser la sensación de los humanos al jugar de pequeños con el barro. Cuando ya tenía suficiente material, repartió la saliva y untó con ella toda la tierra extraída. Luego, la frotó entre ambas manos hasta obtener una bola y, amasándola, la estiró para conseguir el largo que deseaba; moldeó sobre la figura un hocico corto y ancho y, sobre él, colocó un par de piedras pequeñas, diminutas y brillantes.

—Así está bien —evaluó el resultado—. Solo que pareces una serpiente cualquiera —señaló, inconformista, hablándole a su propia creación—. Aguarda...

Con un poco más de tierra mojada, estiró el barro alrededor de la cabeza de la figurilla y le añadió una especie de capucha que la coronaba.

—Esto te protegerá —concluyó maternal al examinar la obra—. Y para que seas un ser único y que todos adviertan tu peligro... —tomó un pequeño palo y, en la parte trasera, dibujó la punta afilada de una flecha. La miró, asombrada.

—¡Perfecto! Serás más certera que los propios arqueros egipcios.

Sosteniéndola con ambas manos, Isis se acercó la criatura de barro al pecho, luego la ascendió por encima del cabello y, en voz alta, formuló un conjuro por el que reclamó el poder creador de Re, contenido en su baba, para insuflar vida a aquella nueva especie. Bajo la poderosa magia de la diosa y al contacto con la saliva omnipotente, la serpiente de fango se arqueó entre los dedos, se le enroscó por el brazo y le trepó hasta el cuello, donde se quedó prendida como un collar de tacto resbaladizo. La protegía. Satisfecha, Isis la acarició un largo rato y luego, acercándosela al rostro, le explicó qué esperaba de ella y, con un ligero toque, la devolvió a su forma original: pura tierra mojada. Con cuidado, la llevó consigo y, al alcanzar el lugar donde, según sus cálculos, todo debía ocurrir, la escondió entre la hierba.

*

Isis sabía que no tendría que aguardar mucho tiempo. Re era fiel a las costumbres rutinarias y acudió a pasear por aquel jardín, a la hora habitual. Aunque tuviera que apoyarse en el báculo y arrastrara los pies, al dios creador le gustaba disfrutar del aroma de las flores, la belleza de los animales y la jugosidad de cada fruto que él mismo había creado. Caminar entre ellos le compla-

cía. La serpiente, camuflada, observó al anciano en la distancia, sin moverse, confinada dentro del cuerpo de légamo. Esperaba la señal que su creadora le había indicado. Por eso, en cuanto sintió los pasos de la víctima cerca, el cuerpo de barro cobró vida. Los afilados colmillos de la cobra se clavaron en la carne de Re y, obedientes, le insuflaron el más poderoso de los venenos. Al bajar la cabeza para descubrir qué le había atacado, el anciano sólo llegó a percibir la ágil huida de «algo» que se escabullía entre la vegetación. Pero el ataque fue tan rápido y fugaz que el propio dios fue incapaz de distinguir qué lo había ocasionado.

Conforme la toxina se dispersaba, Re gritó tan fuerte de dolor que el lamento retumbó en la cúpula del cielo. Allí se expandió en un aullido poderoso que alertó a todos los dioses, quienes, pese a la distancia, lo oyeron como si estuvieran a su lado. Cada uno, lanzando las preguntas desde un rincón distinto, transmitieron la misma preocupación.

—¿Qué ha sucedido, mi señor?

—Decidnos, ¿qué ha ocurrido?

—¿Qué está pasando?

—¡Contadnos, padre!

*

Ninguna de las nueve deidades que conformaban la Enéada, incluyendo a Isis, obtuvo respuesta alguna. El dios Re perdió todo dominio sobre su cuerpo y cayó desplomado. Se quedó tendido boca arriba sin ser consciente del tiempo transcurrido ni de dónde se encontraba. Oía las preguntas de sus hijos, pero no podía contestar. Sólo sentía el castañeteo de los dientes y escuchaba el crujir de las mandíbulas al chocar violentas, agitadas por un mar de convulsiones. Todo en él temblaba: los brazos, las piernas, el pecho... El veneno le trepaba desde la pierna derecha y, como si fuera el propio río de Egipto en las crecidas, se propagaba veloz por el interior del cuerpo, inundándolo de una sensación que le era desconocida: ahora frío, ahora calor; ahora frío, ahora calor...

La gran deidad no llegaba a comprender el infortunio. Era consciente de que un ser se había atrevido a morderle, pero ¿cuál? De ser obra suya, como todas las especies de la tierra o del cielo, la habría reconocido nada más rozarle. «No, no», intentaba comprender. «Una de mis criaturas ni tan siquiera se habría atrevido a tocarme si yo no lo deseara, y mucho menos me habría picado». De pronto, notó que el corazón se le aceleraba en exceso, sentía el latir en una garganta que empezaba a estrechársele, y las piernas, que hacía nada se agitaban poseídas por un dolor espantoso, comenzaban a petrificarse. Con acopio de las pocas fuerzas que le restaban, consiguió alzar un hilo de voz.

—¡Hijos míos! ¡Dioses que de mí habéis nacido! ¡Venid! ¡Venid todos! Estoy herido. Desconozco de qué, jamás sentí un dolor semejante, ni imaginé un veneno tan mortal.

Antes de que llegara a repetir de nuevo «¡venid, hijos, venid!», todos los descendientes de Re, desde los más próximos hasta los más lejanos, aparecieron a su lado. Los mensajeros ya difundían la noticia de que podía hallarse en el lecho de muerte y todos corrieron a su vera. Shu, el dios del aire, trataba en vano de aliviar al anciano con alguna ráfaga fresca. Tefnut le bañaba el rostro con sus gotas para rebajar la calentura, y Set se movía nervioso alrededor, arrancando las hierbas altas, tratando de buscar al culpable. ¿No era él el gran protector de Re? ¿Cómo podía haberle fallado? Pero, por más que buscaba, no encontraba a la alimaña causante del desastre. Se enrojeció de ira. Los demás, de vergüenza. Todos, que se movían agitados alrededor del gran dios, sentían que lo perdían y se lamentaban sin saber cómo actuar... hasta que, de pronto, apareció Isis, y todos, conscientes de sus extraordinarias dotes, se apartaron.

—Dejad que la magia actúe —gritó ella.

La diosa se arrodilló junto al herido.

Re sólo trataba de explicar lo que sentía para que lo ayudara.

—Ardo como el fuego, hija.

Ella le sujetó una mano.

—Siento el frío del interior de la cueva más profunda.

Le tomó la otra.

—Ayúdame, ayúdame...

Entonces, Isis se le acercó al oído para que ninguno de los demás seres pudiera escucharla.

—Padre, divino padre —susurró, oportunista—, mis propias fuerzas no bastan. Mi talento no es tan poderoso. Necesito una fuerza mayor para sanaros. Decidme vuestro nombre, padre, ese secreto que sólo vos conocéis y que conserva la intensidad de vuestro poder. Así, yo obraré una magia multiplicada. Sólo así, ella podrá sanaros.

Re, ayudado por los brazos de Isis, se incorporó un poco.

—¿No me reconoces, hija? Soy aquel que trajo la vida, quien moldeó la tierra y creó el cielo. Repartí las montañas por todo el territorio. Di origen al agua de los ríos y a las extensiones del mar. Yo abrí la senda del Nilo para que, en su generosidad, propiciara la vida... ¿Por qué me preguntas mi nombre?

El anciano tosió y ella le retiró las perlas de sudor de la frente para aliviarlo. En el fondo, sentía pena por él, pero necesitaba proteger el reinado de su hijo. Si le arrebataba la fuerza interior, su don más grande, Set jamás se enfrentaría de nuevo a ellos.

—Di origen al fuego —continuó el envenenado—, aliento a los hombres y les enseñé a trabajar para vivir de los frutos. Tú, niña mía, sabes quién soy: por las mañanas, mi nombre es Jepri; Re, al mediodía, y cuando cae la tarde, mi nombre es Atum.

Isis contuvo un suspiro bajo la insidiosa mirada de su hermano, que no dejaba de examinarla, preguntándose qué estaba ocurriendo. Sin embargo, todos confiaban tanto en la efectividad de la magia de Isis que cuando Set se quiso aproximar con intención de pararla, lo sujetaron por el hombro.

—Déjala, ella sabe.

Set se tragó el orgullo, rabioso.

—Señor, señor... —insistió Isis al oído de Re—. Todos esos apelativos ya los conozco y en nada pueden servirme para aliviaros. Necesito el nombre que ostenta el poder, vuestro poder creador. Ese que nadie más conoce y que nos permitirá expulsar el veneno. Debéis saber que sólo viviréis si me lo decís.

El progenitor de todos los dioses abrió los ojos de golpe, enrojecidos y vidriosos y, con un enorme esfuerzo, asió a la hechicera por el brazo. Las venas abultadas sobresalían de la piel, dejando ver un tinte oscuro y grueso que parecía a punto de estallar.

—Acércate, acércate... —suspiró Re.

Por un instante, el corazón de Isis se sintió compungido, al perderse en el dolor del dios, pero al levantar la vista y sentirse vigilada por las otras deidades, se mostró firme en el propósito de asegurar el futuro de Horus y se acurrucó todavía más.

—Mi padre creó este nombre para mí —le confesó el gran dios—. Nadie más que mis progenitores lo han pronunciado. Con el deseo de protegerme, lo ocultaron en el interior de mi cuerpo. «Si nadie lo conoce, nadie lo usará jamás contra ti», me dijeron. «Ningún conjuro será efectivo porque nadie sabe tu verdadero nombre».

—Y así será, Re, mi señor. Yo jamás os dañaría, nunca lo usaría en vuestra contra —anotó Isis, sincera.

Él le devolvió la mirada, confiado.

—Mi nombre conserva mi fuerza. Él es el aliento de la barca de millones de años. Cuando mis ojos están abiertos, él vela porque exista la luz. Si los cierro, llega la oscuridad. No permitas

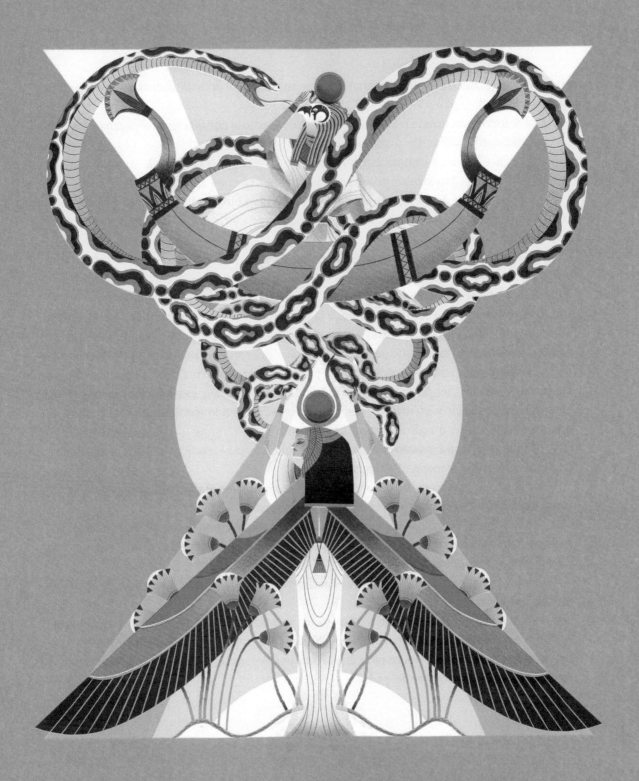

que esto ocurra, Isis. Te lo diré y lo guardarás en tu cuerpo. Y no se lo podrás decir a ninguna persona o deidad.

Ella le apretó entonces la mano y el dios creador añadió lo que ella tanto esperaba.

—A nadie se lo podrás dar a conocer, excepto a tu hijo.

Isis respiró hondo. Al mencionar a Horus, ¿era consciente el creador de su intención y la aceptaba? ¿Le estaba dando permiso para transmitirlo a su propio vástago?

—Que el gran Ojo de Horus, con el que comparte destino, lo proteja. Sólo tú y Horus podréis conocer mi nombre único —ratificó Re—. Pero deberá prometerte que nunca lo revelará a nadie más —advirtió severo—. A nadie.

Ella asintió, conmovida del don que iba a recibir, que los dos iban a recibir. Re se acercó tanto a ella que la diosa percibió cómo los labios del herido le traspasaban el calor al rozar la oreja. Allí, en ese instante de confidencia, le desveló el codiciado secreto: su nombre único.

Tras conservarlo en su interior y fiel a la promesa, Isis pidió a su hermana Neftis que se acercara y sujetara a Re por el cuello. Luego, se puso de pie y solicitó a los demás dioses que se unieran alrededor, en un círculo perfecto. Todos obedecieron a la gran maga. Todos menos Set, que, sin comprender nada de lo que estaba a punto de ocurrir, permanecía alerta. Isis caminó hasta colocarse a los pies del dios creador y, desde aquella posición, extendió los brazos por encima del cuerpo divino y los mantuvo así un largo rato, recitando ensalmos en siseos, uno tras otro. De pronto, calló y dirigió los brazos hacia lo alto.

—Veneno —invocó al mismo enemigo que ella había creado—, escúchame. Sal fuera del cuerpo de nuestro padre. ¡Veneno, obedece!

Sus palabras, para asombro de las deidades, retumbaron en el aire como si el propio Re hubiera alzado su verbo, grave y poderoso, implorando la cura.

—¡Abandona el cuerpo de Re! —prosiguió la maga con el asombroso poder del mismo dios creador—. Respeta a aquel que dio vida a todo lo que existe, quien regaló gracias a todos y cada uno de los nombres que él pronunció.

Entonces, Isis cruzó los brazos sobre el pecho y un halo luminoso, casi cegador, la envolvió. Su magia se había multiplicado.

—Yo soy Isis, soy aquella a la que le ha sido concedido el gran nombre —proclamó, bajo el asombro de los demás—. De ahí nace mi nuevo poder para exigirte: ¡Muere, veneno! Permite que Re, nuestro gran dios, viva eterno para gloria mía, pues yo soy aquella que, desde hoy, ¡conoce y conserva el auténtico nombre del padre!

A las órdenes, todas las venas del moribundo empujaron aquel líquido oscuro que arañaba el cuerpo del dios hacia la boca. Allí, mientras Neftis le levantaba la cabeza para impedir que se ahogara, el veneno de la cobra comenzó a brotar despacio por los labios, resbalando por el cuello hasta perderse en la tierra. Isis se acercó entonces junto a la cabeza de Re y pisó el suelo húmedo. Al contacto con su creadora, el líquido perdió todo el efecto.

Las otras divinidades la felicitaron al terminar, admiradas de su nuevo poder y agradecidas por que el decano volviera a caminar. Aún convaleciente, Re se apoyaba en los más jóvenes, pero avanzaba con seguridad. Lo acompañarían hasta su recinto, necesitaba descansar. Aliviados, al verlo marchar por su propio pie, los demás dioses comenzaron a dispersarse. Todos, excepto Set, que, apoyado en el tronco de un árbol, seguía sin apartar los ojos de su hermana. Era incapaz de comprender cómo había sucedido, ni la magnitud de las consecuencias. En otro momento, ella habría temido esa mirada mortal, pero ahora era Isis, la gran maga, aquella que conocía el nombre secreto de Re. Y sabía que Set ya nada podía hacerle. Ni a ella ni a su hijo, a quien revelaría en confidencia el nombre sagrado. Confiada, se atrevió a dar la espalda al hermano y se adentró en el bosque.

Caminó un largo rato hasta saberse sola. Entonces se agachó y, a un chasquido de los dedos, la primera de las cobras del mundo se le acercó sumisa. Ella extendió el brazo y la serpiente trepó por él, reposando junto a su corazón. El gesto le recordó a Horus de niño cuando, tras amamantarlo, se quedaba dormido entre los pechos, tan plácido e indefenso. En esos instantes, ella lo miraba no como diosa, sino como madre. Lo besaba y, en silencio, le prometía que nunca dejaría de protegerlo.

Nunca.

Aunque tuviera que robar al dios de los dioses su don más preciado.

# Las

# AVENTURAS

## DE

# Sinuhé

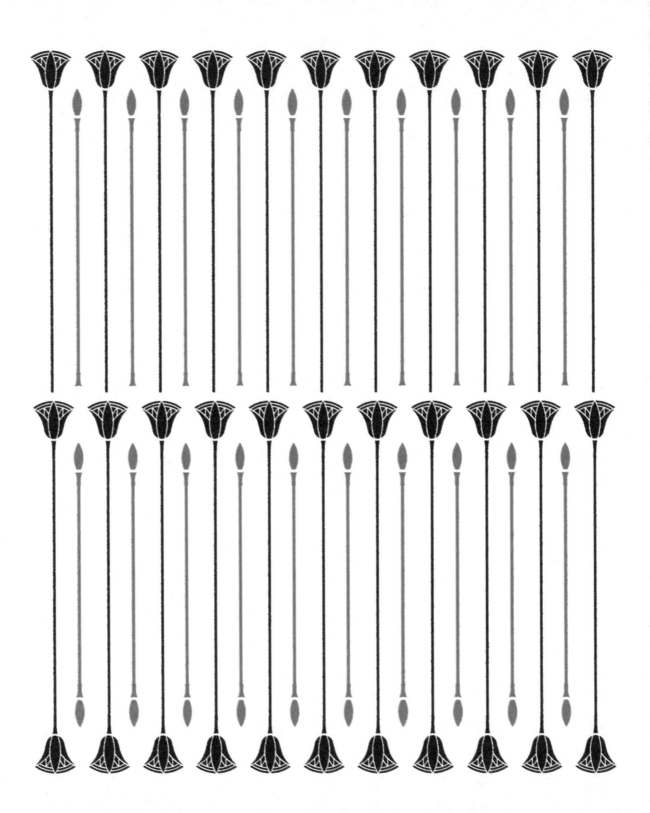

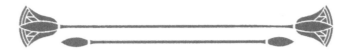

Yo, Sinuhé, el noble, príncipe, portador del sello *bit*, magnate principal, administrador de los distritos del soberano en tierras de los asiáticos; verdadero conocido del rey y amado suyo, el asistente que siempre acompaña a su señor, el servidor fiel del harén real de la noble dama, la gran favorita, Neferu, esposa del rey Sesostris en Jenem-sut e hija del rey Amenemhat en Qa-nefru, no encontré un día más aciago en mi vida que aquel que voy a relatar y cuya fecha sigue azotando mi memoria.

Se cumplía el séptimo día del tercer mes de Ajet, la estación de la inundación, en el año treinta, cuando mi venerado Sehetepib-Re, rey del Alto y el Bajo Egipto, se elevó al cielo. Como dios, ascendió al horizonte y se fundió con el disco solar, uniéndose con aquel que lo había creado. Con la ausencia, la Residencia real se bañó en silencio, las Grandes Puertas Dobles se cerraron y, con ellas, el resto del palacio. Nada se oía ya. Los nobles callaban y los cortesanos, afligidos, escondían la cabeza entre las faldas, meciéndola a la par que las rodillas.

Varios mensajeros abandonaron el palacio para avisar a los súbditos del rey de que su padre había cruzado al mundo eterno. En ese momento, el príncipe Sesostris y sus hermanos se encontraban en el oeste, donde el primogénito cumplía el mandato de golpear a las tribus extranjeras del delta occidental. Sabían que, al término de la campaña, el buen dios regresaría con el enemigo cautivo y traería consigo tal volumen de ganado que la hazaña se apreciaría como una hilera infinita. Sin embargo, en aquel instante de tristeza, eran las sombras de la noche las que acompañaban a los comisionados cuando se encontraron con Sesostris en el camino y le informaron de las terribles nuevas del palacio. Sin detenerse a avisar a nadie más, el futuro rey se rodeó de sus asistentes de confianza y, sin demorar la partida, regresó veloz a la Residencia.

Yo, que también participaba de la expedición en los lares de los chemehu, andaba camino del destacamento y vi a aquellos emisarios que, alejándose de las tiendas, se dirigían hacia mí junto a uno de los hermanos de Sesostris. Todos hablaban en voz baja, como si no desearan ser escuchados, por lo que, antes de poder ser visto, salté a la vera y me oculté entre dos setos. Desde allí, agazapado, los observé, y aunque las finas espinas me arañaban la piel, me quedé inmóvil. De haber sabido lo que me dolerían aquellas palabras pronunciadas, jamás las habría escuchado.

—Repetidlo de nuevo —ordenaba sorprendido el hermano de Sesostris, tomando a uno de los enviados por el brazo—. ¿Decís que nuestro padre ha sido —bajó todavía más la voz— asesinado?

Compungido, el mensajero asintió con la cabeza.

Yo me llevé las manos a la boca para que mi asombro no delatara mi escondite. Sehetepib-Re, ¿muerto? Mis latidos se aceleraron con tanta fuerza que temí que pudieran ser escuchados. Mis brazos se desplomaron, apenados. Mi amado rey ¿había sido víctima de una trama mortal? ¿Urdida en el mismo palacio donde yo servía?

—No lo dudéis, mi señor —continuó la voz del informante—. Sehetepib-Re ya temía una conspiración y se rumorea que, en ausencia de sus hijos, los confabulados han hallado el momento preciso.

—¡Cobardes! ¡Correrá la sangre! —sentenció el hijo, apretando los puños—. Merecen la muerte.

—No temáis, vuestro hermano mayor ya vuela hacia allí, y con las garras —el sirviente arañó el aire con los dedos para enfatizar lo que estaba diciendo—, garantizará el orden y devolverá la justicia a nuestra tierra.

«El nuevo Horus», pensé yo al escuchar la comparación entre mi señor y la rapaz. «Sesostris reclamará el trono y se encarnará en el halcón que vuela ya hacia su destino. Y será un gran rey, un enorme dios». Pero entonces, lejos de alegrarme, sentí miedo. Un temor cruel e irracional. Yo, que nunca me había reconocido medroso, me acurruqué aún más en el punzante abrazo de los setos porque... ¿y si la sed de venganza me alcanzaba a mí también? Yo no era partícipe de aquella rebeldía, pero... ¿y si la sangre de los culpables no bastaba para calmar el dolor? ¿Y si yo no sobrevivía al alboroto que se iba a desatar en la Residencia?

El terror decidió por mí y, con el refugio que regala la oscuridad, aproveché la avanzada hora del día para marchar río arriba, alejándome de mi hogar con un terrible deseo: ¡huir! ¡Escapar! ¡Correr! ¡Abandonar mi Egipto! Apesadumbrado, me arrastré río arriba y, guiado por la cobardía, atravesé el lago Maaty por la orilla del Sicomoro, cerca de Nuhet. Después, crucé por el Recinto de Esnofru y sólo me detuve en la linde del desierto, donde permití a mi fatigado cuerpo que descansara hasta el amanecer. Andaba protegido por la soledad cuando, en el camino, me encontré con un hombre que, aunque me saludó con cordialidad, me provocó zozobra. ¿Y si me reconocía? ¿Y si mi aspecto delataba que era un sirviente de palacio? Cualquiera podría levantar el dedo contra mí y advertir de mi presencia a la guardia. Avergonzado, bajé la cabeza y me mostré distante. Lo reconozco, le rehuí.

Mis pies ya ardían en llagas al alcanzar el pueblo de Negau. Era la hora de la cena y me resultó sencillo conseguir una balsa mientras todos descansaban. El agua besó las llagas de mis plantas y el frescor mojó mis labios. Me subí a la embarcación y, por un instante, respiré aliviado porque, aunque carecía de timón, el viento del oeste me empujaba a favor. ¿Acaso los dioses se apiadaban de un cobarde como yo? Con aquel aliento generoso crucé la cantera por el este, bordeando la Señora de la Colina Roja y, dirigiéndome río abajo hacia el norte, no tardé en alcanzar el Muro del Príncipe en oriente.

Me impresionó la robustez de la fortaleza, levantada para castigar a quienes merodeaban por las dunas y para bloquear a los nómadas. Al descubrir en lo alto a los centinelas que vigilaban la frontera, pegué mi cuerpo a las sombras para ocultarme. Si me veían, yo también sería hombre muerto, así que me guarecí entre la vegetación hasta que la noche me protegió de nuevo y me permitió seguir avanzando. Sin comida ni bebida, el segundo amanecer me halló ya muy débil en Peten. No fui consciente de la sed hasta que, traicionera, me sobrevino de golpe en el área de Kemuer. Me detuve. Mi garganta, áspera, me quemaba y mi lengua hinchada y seca como escamas de cocodrilo, se negaba a tragar. Me sabía amarga. Agotado, caí de rodillas y, creyéndome en el final de la vida, me dije: «Sinuhé, éste es el sabor de la muerte».

De pronto, me pareció escuchar el mugido de unas reses. Mi cabeza aturdida las reconocía, pero no sabía ubicarlas. Agotando mis fuerzas, logré levantarme lo mínimo para descubrir que el ganado no era un espejismo y que un grupo de nómadas, no muy numeroso, lo custodiaba. Tan pronto distinguieron mi sombra, uno de los jóvenes salió a mi encuentro y, reconociéndome egipcio, se apiadó de mí y, tras ofrecerme agua, me sujetó por el torso para levantarme. Casi a rastras, me condujo a la sombra fresca de una tienda donde me sirvieron un cuenco de leche cocida para calmar mi garganta arañada. ¡Qué bendición! Los cuidados me hicieron tanto bien que, sin ellos, no habría podido proseguir mi viaje. Agradecido y repuesto, continué atravesando lugares y lugares hasta que, después de Biblos, pude detenerme unos meses en Qedem. Allí conocí y me gané el respeto del gobernador del Alto Retenu, Amunenshi, quien, gracias a la recomendación de otros egipcios que convivían allí, me invitó a quedarme entre los suyos.

*

—Aquí estarás bien, Sinuhé —afirmó con una sonrisa sincera—. Apreciamos tus conocimientos y, a tu alrededor —dijo refiriéndose a mis paisanos que vivían allí— escucharás a quien habla con tu lengua, con la voz de Egipto.

Aquella mención a mi amada tierra, a la que sabía que ya siempre extrañaría, quebró mi alma. Al leer aquella pena, Amunenshi palmoteó mis hombros, como quien trata de animar a un niño castigado.

—Cuéntamelo, Sinuhé —me invitó con un tono confidente—. ¿Qué ocurrió en la Residencia para que un egipcio, como tú, llegara por su propio pie tan lejos, más allá de la frontera?

—El rey de Egipto, Sehetepib-Re, se ha unido a su creador.

Guardé un breve silencio para meditar. «¿Debía mencionar a mi anfitrión la conspiración?» No, me dije, debía ser prudente; así que continué el relato sin narrar toda la verdad.

—Volvía yo de una expedición por las lindes de los chemehu —proseguí—, cuando me comunicaron la noticia de su muerte y mi corazón, destrozado, me condujo a buscar otra senda.

Quizá debí detener aquí el discurso, pero sentía tantas ganas de gritar que yo era inocente de cualquier sospecha que mi lengua, sin casi ser yo consciente, se desató.

—No se me escupió —le confesé—. El heraldo egipcio no pronunció mi nombre ni se escuchó reproche alguno contra Sinuhé —respiré hondo, como si al pronunciar aquello en voz alta, mi conciencia se calmara—. Mi llegada hasta aquí ha sido un sueño, un designio de los dioses. Alcancé el lugar con la misma sorpresa con la que se puede encontrar a un hombre del Delta en Elefantina o a un hombre de los cañaverales en la sureña Nubia.

—¿Y qué será ahora de esa región sin el dios benefactor, Sinuhé? —preguntó Amunenshi, quien escuchaba mi relato con curiosidad—. Sabes que el nombre de Sehetepib-Re siempre contó, en este territorio, con el mismo respeto que se le guarda a la diosa Sejmet para que, en un año de plaga, calme lo que su propia furia desata.

—Seguro que su vástago —le contesté—, ya habrá entrado en palacio, tras ganar la herencia del padre.

«¡Ay, Sesostris!», sólo pensar en mi señor me hinchó el alma y mis elogios brotaron desbocados, como el Nilo que, tras crecer, nos obsequia con la fructífera tierra negra.

—Nadie hay que se interponga ante mi dios —proclamé altivo—. Sesostris es señor de sabiduría y excelentes decisiones. El rey siempre le confió las misiones foráneas, mientras él aguardaba en palacio. Es un campeón, victorioso; sin oponentes. Su brazo no tiene parangón. Avanza con furia contra los rivales, levanta el escudo y derriba a los arqueros. No permite al enemigo que le dé la espalda ni que se recupere. Doblega los cuernos y detiene las manos. Nadie se alza contra él. No se abate, sólo sabe avanzar porque jamás se rinde. No hay quien tense su arco ni quien esquive la precisión de sus flechas. Como si la mismísima diosa de la fuerza y el poder, la Grande, le guiara.

Emocionado, me detuve para serenar mi discurso ante Amunenshi.

—Ha conquistado todo por amor, con dulzura —proseguí—. El pueblo le quiere más que a sí mismo. Ahora que ya es rey, los hombres y las mujeres están exultantes de júbilo; más contentos con él que con los mismos dioses. Desde su nacimiento, camina hacia el trono. Es un regalo divino y la tierra egipcia se regocija cuando él gobierna porque ensancha las fronteras y, habiendo reducido a los nómadas en el norte, el pueblo sabe que ganará también las regiones del sur.

Mis palabras no eran vanas, pues yo había sido testigo de la valentía de Sesostris en las expediciones, siempre encabezando la lucha, nunca dispuesto a retroceder.

—Escríbele, Amunenshi —recomendé a mi interlocutor—. Envíale cualquier presente que te acredite. Haz que conozca tu nombre, que sepa quién eres. Porque él hará contigo lo que su padre ya empezó: no le negará el bien al extranjero que le sea fiel.

—Entonces... —concluyó el gobernador, agradecido por el consejo—, Egipto deberá celebrar los éxitos del nuevo faraón. Y tú, Sinuhé —me dijo, asiendo mi brazo como quien se apoya en un hijo—, tú que estás aquí, conmigo, también conocerás mi bondad y todo lo que yo haré por ti.

*

Así fue como el príncipe de Retenu me puso al frente de los suyos. Me entregó a su hija mayor y me dio a escoger el mejor de los espacios fronterizos: Iaa, un paraíso fértil que nos regalaba higos y racimos, más rico en vino que en agua. Un lugar bañado en miel y generoso en aceite, donde los árboles reventaban en frutos. Nombrado gobernante de mi tribu, me cocinaban a diario y no faltaban en mi mesa pato a la brasa o cabrito, regados con buen vino. Se cazaba y se pescaba para mí; se asaba todo lo que mis perros de caza me traían y no faltaban dulces ni leche cocinada. Así de espléndidos transcurrieron mis años en aquella tierra lejana donde, con el tiempo, vi nacer y crecer a mis hijos, tan vigorosos y campeones que pronto mandaron sobre sus propias tribus.

Todos en el país sabían de la hospitalidad de Sinuhé. Si algún emisario cruzaba mi espacio, ya fuera porque se dirigiera al norte o porque se encaminara al sur hacia la Residencia, disfrutaba de mi generosidad, siendo mi huésped. Yo los refugiaba, daba agua al sediento y devolvía al extraviado al sendero correcto para que prosiguiera su viaje. Quizá porque me recordaban a mí mismo en mi huida. Pero también es cierto que no tuve piedad y levanté el brazo poderoso contra el enemigo de mi señor, al que yo me debía. Por él me enfrenté a los nómadas ladrones y, siendo comandante de las tropas de Retenu, me impuse por la fuerza sobre todos los pueblos contra los que Amunenshi me dirigió.

A mi paso, no dejé crecer el pasto alrededor de los pozos, capturé el ganado enemigo, arrebaté la comida, cautivé a los sirvientes y maté a su gente con el acierto de mi arco y los planes apropiados de mis ataques. Por todo ello, conquisté el respeto del gobernador, quien me nombró jefe de sus hijos. La firmeza de mis brazos y mi valentía se ganaron el aprecio de mi señor, pero también, por desgracia, la atención de quienes, recelosos, deseaban mi posición y mi dicha.

*

La noche previa al combate no encontré paz en los abrazos de despedida de mis hijos ni en las delicadas caricias de mi esposa. En el interior de la tienda, ella se alzó de puntillas para besarme en la frente y la dejó impregnada de cardamomo y lirio, la esencia que compartía nuestras noches y que yo tendría presente en la batalla. Sus ojos musitaron confianza, pero el temor de mi mujer a perderme la enmudecía. Tomé sus manos entre las mías y entrelazamos los dedos. Nos quedamos frente a frente, sin que ninguna palabra nos distanciara, conscientes de compartir un único destino. Si al día siguiente el campeón de Retenu, que había osado desafiarme en duelo, lograba matarme, ella estaría obligada a yacer junto a mi asesino antes incluso de darme sepultura. Violada, le arrebatarían la prole y la alejarían de una tierra que ella amaba. ¿El ganado? Sería robado o sacrificado. Se quemaría toda hierba alrededor de nuestros pozos y se cegarían las aguas cristalinas. Destruirían la vida, secuestrarían a la tropa y, con la misma fuerza con la que una tormenta feroz arranca la arena del desierto, se perdería mi nombre en el olvido.

Si fracasaba, del nombre de Sinuhé sólo quedaría vergüenza y vacío.

Cuando mi esposa desapareció entre las pesadas lonas de la tienda y me supe a salvo de fingirme fuerte, perdí el ánimo y me dejé caer sobre el suelo, abatido. Y... lloré. Lloré de rodillas. Lloré por un Egipto que ya no vería más, por mi infortunio y por mi vergüenza. Supliqué como un imberbe que, arrodillado ante el padre, solicita su clemencia. «Oh, buen Dios, mi Dios, rey de Egipto —oré para mis adentros—. ¿Es éste mi castigo por haber abandonado vuestro paraíso? ¿No bastaba con que mi corazón se quedara preso junto al Nilo y sólo mi alma rota vagara por esta geografía tan lejana? ¿Acaso no atravesé las tierras de Peten, de Biblos o de este Alto Retenu para que la culpa de perderos fuera incapaz de seguir mis huellas?».

Tomé aire antes de proseguir.

«No me asusta morir, excelso amo —confesé—. Lo que me desgarra es llegar a tu presencia, tras la muerte, con las manos desnudas y vacías, con la mirada turbia de quien tuvo miedo y se refugió en la huida. Oh, mi rey, brindadme vuestra clemencia y permitidme un aliento más de vida. Sólo uno. De lograrlo, desandaré mis pasos, regresaré a la Residencia y, cual serpiente a ras de suelo, me postraré ante vos y, si me lo permitís, os besaré los pies para no separarme de ellos jamás».

Sin pretenderlo, la última palabra de mi discurso interior brotó de los labios en voz alta, casi como un grito: «¡Perdón!».

Horus, el dios de la guerra y la caza, debió de socorrerme al escuchar mi llanto interior y, de pronto, como si me susurrara mi pasado al servicio del gobernador, me retornó el ánimo. Respiré hondo y me recompuse. «¿Es que no eres un egipcio, Sinuhé?», me dije. «Honra a tu estirpe», me animó mi voz interior. Sí, lucharía. Por mí. Por ellos. Mi castigo no debía alcanzar a mi descendencia o a mi mujer. Observé mis palmas, arañadas por el paso del tiempo, encallecidas y... manchadas de sangre. Fueron las manos de un cobarde, pero también las de un guerrero. Yo amenacé a las tribus asiáticas colindantes. Yo me apoderé de su ganado y lo incorporé al mío. Yo comandé las tropas del Alto Retenu y doblegué los brazos vencidos, sumándolos a mi tribu. ¿Acaso había olvidado quién era? Acaricié la suavidad del tejido exquisito que ahora me vestía y me sentí culpable y odioso. Cerré los puños y me clavé las uñas, tensé los hombros y saqué pecho. Como un semental bravo al que otra res ha desafiado, arañé el suelo y me puse en pie. Me recordé fuerte; me supe fuerte.

«Lo he sido —me dije—. Lo soy. Lo seré».

*

Acudí donde guardaba las armas. Busqué y agité el carcaj sobre mi regazo y éste, sorprendido, vomitó las flechas que atesoraba. Palpé las de sílex y las de cobre y las agucé hasta sentir que el simple roce de mi yema contra las puntas rasgaba la piel. Escarbé entre los objetos hasta hallar la

daga, besé la empuñadura que tan fiel me era y la reservé en mi cinto, junto a un hacha de igual tamaño. Comprobé la flexibilidad de mi arco, golpeé la madera recia del sicomoro y devoré el resto de la noche engalanando la panoplia que defendería mi cuerpo de los ataques de aquel nuevo héroe de Retenu. Un hombre que, sin duda, sólo se sentía molesto de la confianza que nuestro gobernador, Amunenshi, me depositaba. «No hay noche que no ansíe ser día», habría dictaminado mi padre. Yo asentí. Aquel guerrero deseaba ser yo.

*

Transcurrió el tiempo con pereza hasta que el sol alcanzó el punto más álgido del firmamento: la hora del duelo. Fue entonces cuando oí la voz del gigante, fuera de la tienda, por primera vez:

—¡Sinuhé! ¡Sinuhé!

Mi nombre se repetía junto a ecos metálicos: «clanc, clanc, clanc». Me reclamaba, golpeando la jabalina contra el escudo. Pretendía amedrentarme, como el cazador que asusta a la presa con algarabía para que, huyendo del ruido, caiga más fácilmente en la trampa.

—¡Vamos, Sinuhé! ¡La muerte te llama! —insistía.

Quizá mi antiguo yo, aquel que de joven creyó oportuno esconderse y huir de Egipto, se habría acurrucado en un rincón bajo la carpa o, tal vez, escapara por detrás de la misma. Pero no yo; no el Sinuhé padre. Habría sido de necios no guardarle respeto. Aun así, no saldría a la arena cabizbajo o nervioso. Al contrario, aguardé un tiempo en el interior de la tienda para devolverle la inquietud.

—¡Sal a pelearrrr! —incitó con la voz gruesa y ronca, arrastrando las erres—. ¡Lucha, Sinuhé! ¡Pelea conmigo!

Un rumor jubiloso se sumaba a cada alarido de la bestia. Era el séquito de los cananeos que lo acompañaban, quienes batían palmas y coreaban una victoria que sabían segura. Observando las proporciones del contrincante, que me doblaba en altura y hechura, los hombres de mi tropa temieron por mí y por el destino de nuestro pueblo. Por ello, angustiados, señalaban: «¿Acaso no existe otro campeón que pelee contra este gigante? Sinuhé está perdido. Nosotros estamos perdidos». Algunas mujeres de la tribu formaban corros y proferían gemidos al saberme en desventaja. Hasta mi mujer se refugió en la tienda para no presenciar mi muerte.

Descorrí las lonas y salí. Y allí, al encontrarme frente al poderoso enemigo, comprendí el temor de quienes me apreciaban. No debía de existir en todo Retenu un ser tan magnífico ni de tamaña hechura. Resultaba imposible imitar una corpulencia como la que aquel ser disfrutaba.

Si se le observaba de espaldas, el musculoso torso era más propio de dos hombres que de uno solo. De frente, atemorizaba al público con una tremenda mandíbula que, sin apenas cuello, formaba un todo robusto, protegido por la grandeza de los hombros. Era tan inmenso que, cuando saltaba para aligerar la tensión que acumulaban los brazos y las piernas, oí a un niño confesar admirado que el suelo había temblado bajo sus pies. Tal era su envergadura.

El enemigo me miró a los ojos y sonrió, malicioso, sabiéndose superior; como el león que se relame al ver que la gacela, petrificada de miedo, se rinde. Yo permanecí callado, guardando varios codos reales de distancia para no ofrecerle ventaja alguna, y los asistentes, más por precaución que por cedernos protagonismo, nos encerraron en un círculo enorme y prudente. El gigante, presto a ganar, ya no me dirigió palabra alguna, sino que comenzó a lanzarme jabalinas que extraía con aplomo de un enorme carcaj. La primera de ellas, precedida por un silbido mortal, me arañó un hombro y, al punto, brotó la sangre. Escocido por el cruel arañazo, hinqué una rodilla y eso me salvó de la segunda jabalina que, rapidísima tras la primera, me había apuntado al pecho. Una tercera y una cuarta surcaron el aire y, con habilidad, también las burlé, rodando hacia delante. Una quinta y una sexta me obligaron a saltar y a doblarme por la cintura, casi a la vez, pero también las esquivé. El coro de gente se animó. Si la corpulencia era su ventaja, la agilidad era la mía.

El rival bufó rabioso como un toro que agita el rabo, desesperado, incapaz de deshacerse de las moscas. Yo, huyendo de sus ataques, aún no había dispuesto ni un momento para armarme y, quizá por ello, el gigante decidió que era su oportunidad. Me creyó desprotegido y, pensando que me pillaría por sorpresa, corrió hacia mí con el hacha amenazante en una mano y el escudo protector en la otra. Pero como el niño tenía razón y el suelo temblaba, avisando del embate del campeón, su acometida me pilló alertado. Me recuperé de un salto y con aplomo lo aguardé de pie, abrazado a mi arco, cargado con la más afilada de las flechas de la noche. El coloso estaba tomando impulso para que el hacha me abriera la cabeza en dos, cuando mi punta de sílex se clavó certera en su cuello y, obediente a mi deseo, le atravesó el gaznate de lado a lado.

Su hacha cayó vencida hacia atrás y, para sorpresa de la comitiva, el gran cuerpo se desplomó de rodillas. El gigante soltó también el escudo y se llevó las dos manos a la garganta para liberarse del astil de la flecha. Entonces yo corrí hacia él y, agarrando mi propio destral, caí con tal rabia sobre su espalda que el metal le atravesó el pulmón y, sin darle tiempo a reaccionar, mi cuchillo encontró el camino hacia su órgano vital. El mastodonte, herido de muerte en el corazón, perdió así el aliento y la vida, sacudiendo las piernas en un último estertor de rebeldía.

Yo, de pie sobre él, lancé un aullido victorioso que se fundió con el espanto de los cananeos, que, ante mi posible venganza, abandonaron el círculo y huyeron despavoridos.

*

Días después me haría con sus pertenencias, capturaría el ganado y devolvería a mi enemigo todo aquello que ellos mismos habían planeado contra mi tribu y contra mí. Pero mi espíritu no se sintió aliviado. Ni siquiera al ser ungido de nuevo con cardamomo y lirio por mi mujer, o al ser llamado «hijo» por el mismísimo Amunenshi, quien me agasajó con un anillo para celebrar la victoria. No. Yo, Sinuhé el egipcio, tan cerca de la muerte, comprendí que nada me habría aterrado más que navegar al inframundo sin el beneplácito de mi señor. Por ello, desde lo más hondo de mi interior, un grito fue tomando forma. Un lamento, una voz, creciente, que me llamaba; un anhelo que, noches más tarde, escuché como si lo pronunciaran en voz alta a mi lado. Decía: «Te perdono, Sinuhé. Vuelve a Egipto».

*

Con el avance de las estaciones en la Residencia, la furia que yo creía que albergaba el interior de Sesostris se templó, transformada en misericordia. «El inocente», Jeperkare, como también era conocido Sesostris, debía de haber escuchado los gemidos que su siervo, año tras año, profería desde tan lejos. O, quizá, le habían contado que la fragilidad me había alcanzado, que la piel de mis brazos se había tornado flácida y que mis piernas dejaban de marchar solas si no era con ayuda. «La vejez ha llegado, Sinuhé», me decía yo cuando no me reconocía sobre las superficies pulidas en las que observaba mi reflejo. Entonces, admiraba mi gran legado y aun así, suspiraba, sintiéndome incompleto. ¿Acaso no era perfecta mi casa? ¿No era amplio mi dominio? ¿No era querida mi esposa? Y mis hijos, ¿no eran todos ellos campeones, dignos de mi estirpe? Y, sin embargo, no existía una sola noche en que no me sintiera abrumado de tristeza y me preguntara: «¿Hay algo más importante, Sinuhé, que tu cuerpo sea enterrado en el mismo lugar donde naciste?».

Por ello, cuando un emisario llegó a Retenu, portando un documento real que debía ser leído frente al administrador del soberano en las tierras de los nómadas, convoqué a mi pueblo y pedí al sirviente de palacio que, en medio de nosotros, leyera la misiva en voz alta. No sabía qué contenía el mensaje, pero procedía de mi tierra y eso ya era motivo suficiente para que todos lo escucharan con atención. A una señal de mi mano, el comisionado obedeció.

—El Horus Anjmesut, las Dos Señoras Anjmesut, el rey de Egipto, Jeperkare, el hijo de Re, Sesostris...

—¡Que viva eternamente y por siempre! —exalté, gritando con orgullo. Y, a un gesto de mi brazo, toda la tribu se sumó a los vítores.

El lector agachó la cabeza, respetuoso, y continuó la lectura del documento del rey.

—Sinuhé, este mensaje se te entrega para que sepas que, bajo tu voluntad, has recorrido tierras lejanas, desde Qedem a Retenu. Pero nada malo obraste en Egipto para que se actúe contra ti.

Mi mujer, notando que mi mano empezaba a temblar de emoción, la guardó cariñosa entre las suyas.

—No participaste en la conjura —prosiguió el sirviente de palacio—. Jamás se te ha reprendido porque tu nombre, Sinuhé, nunca apareció en la lista de los acusados. ¿Es que el consejo de los oficiales te convocó? No, no debiste temer ninguna represalia. Tu corazón, Sinuhé, sospechó que sería así, pero la idea de que fueras culpable nunca existió en el interior del mío.

Contuve la respiración. Mi rey jamás me creyó parte de la revuelta, nunca. Tanto tiempo huyendo sin sentido...

—Regresa a Egipto, Sinuhé. Verás la Residencia donde creciste de niño. A sus puertas, besarás el suelo de tu tierra y los cortesanos se reunirán contigo para acompañarte. Saludarás a la Señora de la Tierra y conocerás a sus hijos, que no viste nacer, en el salón de audiencias. Serás distinguido y las dádivas que te serán ofrecidas te permitirán vivir entre nosotros.

Las lágrimas anegaron mis ojos. Y sintiéndose orgulloso de su padre, mi primogénito colocó la mano sobre mi hombro.

—Ya te has adentrado en la vejez —continuaba sincera la misiva—, tu vigor flaquea, Sinuhé, y tus pensamientos te arrastran hasta el día en que serás enterrado, preocupado por la veneración que mereces. Ese respeto no lo lograrás en el extranjero. Aquí, sin embargo, ya te hemos asignado un lecho y no te faltarán los aceites ni los vendajes que te prepararemos y que serán de tal calidad que parecerán tejidos por la mano de la diosa Tait. Se organizará una procesión, como es debida, para el día de tu entierro. Tu sarcófago será de oro, como el de los príncipes, y la máscara que lo cubrirá será de lapislázuli; el cielo se representará sobre ti en tu capilla portátil, y los bueyes tirarán de ella mientras, al frente, los cantores precederán a tu cuerpo. Se bailará la danza *muu* a la entrada de tu tumba; las ofrendas se sacrificarán ante tu altar.

Mi mujer, entendiendo que aquello era todo lo que mi corazón ansiaba, me abrazó ya por entero, agarrada a mi cintura.

—Si te quedas en tierra extraña, tu cuerpo no será honrado como merece, sino que perecerá abrazado por la piel de un carnero. Regresa, Sinuhé —suplicaba el texto—. No permitas que los cananeos vejen tu cuerpo. Piensa en él y regresa a Egipto, donde será acogido y respetado.

Al acabar la lectura, el siervo, respetuoso, se aproximó a mí y me tendió el documento. Yo me postré para recibirlo y lo alcé al cielo, en acción de gracias. Así, sosteniéndolo en alto, recorrí todo el círculo del campamento gritando entusiasmado:

—¿Cómo es posible que se haga esto para aquel humilde servidor cuyo corazón le obligó a marchar fuera? ¡En verdad es generosa la benevolencia de mi señor! Ella me rescata de la muerte al dejar que mi cuerpo acabe los días en su hogar, en la Residencia.

Mi respuesta fue tan larga como las alabanzas con las que agradecí al amado de Re, Horus y Hathor la generosa invitación que, por supuesto, aceptaba. Mi pueblo lo comprendió y se alegró conmigo, uniéndose a mi festejo, que fue celebrado durante días. Luego, antes de marchar, dediqué tiempo a poner en orden mis asuntos. Mi ausencia no debía pesar a los míos, así que pasé todo un día en Iaa, traspasando mis propiedades a mis hijos y dejando el cuidado de la tribu, y de mi esposa, al mayor de ellos. Todo le fue confiado: mis siervos, mi ganado, mis frutos y todos mis árboles.

Así me desprendí de mi presente y de mi ayer y caminé hacia mi futuro. Yo, el humilde servidor del rey, partí hacia el sur y atravesé cada uno de los fortines que protegían el camino de Horus y que, años atrás, había cruzado avergonzado. Ahora, la situación era la opuesta. Agradecido de la hospitalidad que me brindaban, mi dios envió barcos llenos de presentes para cada uno de los nómadas que me habían guarecido y a quien yo, tras tantos años viviendo en sus tierras, bien conocía por sus nombres. Después embarqué hacia Egipto y aún no se habían izado las velas, cuando, por orden de mi rey, ya se amasaba y se colaba cerveza a mi lado. De nada me faltó hasta que llegamos al pueblo de Ittauy.

Diez hombres de la corte vinieron a buscarme y diez hombres marcharon junto a mí para conducirme a palacio. Entre las esfinges, me agaché y besé el suelo con gozo. En las puertas de la Residencia se agolpaban los súbditos del rey, prestos a recibirme, y los cortesanos me acompañaron hasta el salón de audiencias, donde su majestad presidía un trono con pabellón de electro, que le confería un brillante tono dorado.

Enmudecí. Ante la espléndida presencia, mi ánimo, mi espíritu, mi *ba,* se desvaneció. Tantos años imaginando aquel encuentro, tanto tiempo desperdiciado, tanta ausencia por resolver... Perdí las fuerzas y mis rodillas golpearon el suelo. Todo el cuerpo me temblaba. No era capaz

de percibir mis latidos o de distinguir si estaba vivo o muerto. ¿Soñaba? Entonces, oí al rey que ordenaba a un miembro de la corte: «Álzale, para que pueda hablar».

—Has venido, Sinuhé —continuó Sesostris—, tras tu paso por tantos lugares extranjeros. La huida te ha resultado muy dura. Mírate, ya eres anciano, has alcanzado la madurez. Pero ya no será fútil la purificación de tu cuerpo, no serás enterrado por extraños.

La emoción que me sacudía era indescriptible.

—¿No hablas a pesar de haber sido mencionado tu nombre? —insistió mi rey—. ¿Acaso temes un castigo?

—Nada me ha preguntado mi señor para que yo me atreviera a contestar —osé responder—. Perdonadme, pero si me quedé en silencio fue por reverencia a vos. El miedo que todavía siente mi cuerpo es el que me paraliza; el mismo temor que, hace tantos años, provocó mi huida. Pero aquí estoy, señor, ante ti —confirmé, abriendo los brazos para entregarme por completo—. Tú eres la vida, mi vida. Que tu majestad obre conmigo según lo que dicte su corazón.

—Mira —señaló Sesostris a la reina al observarla callada—, ¿no reconoces a Sinuhé? Sin duda, su ropaje te lleva a confundirlo con un nómada.

¿Sinuhé? Desconcertada, ella me observó de arriba abajo y emitió un pequeño grito que los príncipes imitaron para mostrar la misma sorpresa. —Oh, soberano, mi señor —replicó ella, al no descubrir al antiguo Sinuhé en aquellas humildes vestimentas—, ¿estáis seguro? ¡No es él en verdad!

—Él es —aseveró el monarca.

El reconocimiento dio paso a la llegada de los instrumentos. Collares, sistros y carracas comenzaron a sonar mientras las voces de un coro adulaban al rey y narraban nuestra historia, de cómo nos habíamos separado y de cómo el rey había consentido mi regreso. Escuché todo el canto con el vello erizado y conservé dos versos que, en verdad, me cautivaron: «Tú has alejado de la miseria a los que piden», entonaron, y yo agaché la cabeza, agradecido, admirando la gran misericordia del rey de Egipto. «Concédenos a nuestro coro de hoy», prosiguió el cántico, «nuestro premio en el hijo del viento del norte».

«El hijo del viento del norte», repetí en mi interior, corroborando mi periplo, mi eco, mi pasado encerrado en esa corriente de aire que ahora ya soplaba hacia el destino final. «Sí, soy yo», me dije.

Entonces, su majestad, retomando la última estrofa que se había proclamado, y que me instaba a no temer nada de aquel que sólo me veía a mí, dictaminó:

—Nada ha de temer ya. Sinuhé será un magnate entre los oficiales, se le colocará en medio de los cortesanos. Ahora, acompañadlo a los aposentos para ser atendido.

Y así, los príncipes me tomaron de las manos y, tirando de mí entre risas, me dejaron al cuidado de un súbdito real que me colmó de distinciones: me bañaron, me frotaron con esponjas, me afeitaron y me peinaron. Entregué mi áspero ropaje de beduino y me vistieron de lino. Mis manos, arañadas por el tiempo y el trabajo, contrastaban con aquella suavidad que mi piel ya no conocía. Me ungieron con el mejor aceite y con tantas delicadezas que me restaron años. Mi nuevo reflejo me abrumaba. «¿Eres tú, Sinuhé?». Sí, me respondí satisfecho. «He aquí al auténtico Sinuhé».

Para disfrutar de mi vida recobrada, me cedieron una casa y varios artesanos trabajaron en ella, remodelándola. Me servían la comida desde palacio, tres o cuatro veces al día para cuidar de mí; pero lo que más apreciaba era la visita de los príncipes, que, además de otros manjares, me regalaban un tesoro mayor, la compañía.

Fiel a la promesa dictada por el rey, los constructores de tumbas diseñaron la mía y la mandaron construir en piedra. Los talladores la esculpieron con mimo y, por mandato divino, el maestro de obras del cementerio dirigió el alzado. Se depositó todo el ajuar funerario en el interior e incluso, como sólo correspondía a los magnates, se cultivó un huerto para que nunca cesaran mis ofrendas. Mi efigie se recubrió de oro y la falda de lujoso electro. A nadie, a ningún otro necesitado, le concedió su majestad ninguna merced similar.

Yo y sólo yo permanecí bajo los favores de mi venerado rey hasta el día en que mi cuerpo egipcio partió dichoso a la eternidad.

# EL NÁUFRAGO

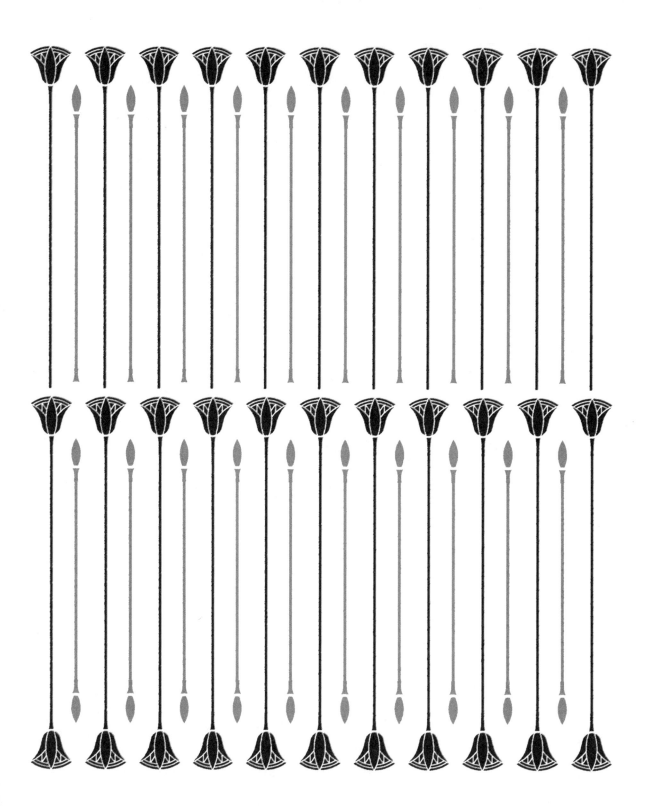

El sol gobernaba en el cielo cuando, por fin, el enorme navío logró alcanzar nuestro puerto. Poníamos fin a una misión que nos había llevado a atravesar los lejanos confines de Uauat y Senmut, más allá de la primera catarata. Nuestro periplo había sumado tantas jornadas lejos de casa que, al amarrar el barco, los marineros lanzaron aullidos de júbilo para celebrar nuestra victoria: habíamos regresado. Bajo mi cargo de asistente, yo los observaba en la popa, de pie junto al capitán. Desde allí, los veía abrazarse unos con otros, satisfechos. Los escuchaba alabar al dios por haberlos protegido e incluso, fijando la vista, descubrí a uno que, de tan entusiasmado, danzaba él solo sobre la cubierta del barco. Me sonreí. Comprendía muy bien aquella dicha. Respiré hondo e hinché el pecho, complacido también. Arrastrados por la brisa, reconocí los aromas de mi país, del Nilo, de mi Egipto. Hasta me pareció distinguir en el aire el ungüento de canela que siempre impregnaba la piel de mi mujer. ¡Ah! Aquella misma noche la abrazaría. Suspiré. «Estás en casa», me dije. «¡En casa!».

A mi lado, sin embargo, el capitán, lejos de dejarse arrastrar por la euforia, permanecía tan quieto como una estatua.

—¡Alégrate! —le invité, señalando la algarabía de los navegantes—. ¡Míralos! Nos has traído de regreso, comandante. ¡Hemos vuelto al hogar!

No hubo respuesta. El responsable de nuestra misión apoyó los brazos en la baranda mientras, con la cabeza gacha, perdía la vista entre los dedos de los pies, moviéndolos nervioso.

—Nuestra tripulación —insistí al verlo compungido— ha vuelto sana y salva. No hemos sufrido ninguna baja. ¿Por qué no te alegras? Devuelves al rey los mismos tripulantes que te confió. ¿Acaso hay un éxito mayor que el haber regresado juntos a la Residencia sin haber tenido baja alguna?

Mi compañero siguió callado. Por supuesto, yo sabía bien qué era lo que le preocupaba. Los frutos que el rey esperaba de nuestra misión no se habían conseguido y él temía que, ante los ojos de su majestad, todo se le antojara un fracaso. Pero ¿lo era, en verdad?

—Préstame atención, capitán —le pedí, posando mi mano sobre su hombro—. Confía en mí porque no soy una persona dada a las exageraciones. Por eso, te voy a dar un consejo: antes de llegar a tu audiencia frente al rey, deja que el agua moje tus dedos, que los empape; permite que el líquido los acaricie y te devuelva la confianza. Lávate las manos y cree en ti.

El aludido suspiró como si le estuviera pidiendo un imposible.

—Habla al rey desde el corazón —le insistí—. Responde sin titubear a lo que te pregunte. Apóyate en tu oratoria, que siempre es magnífica. Seguro que tus palabras, dictadas sinceras, ganarán su compasión. Recuerda esta frase, capitán: «Tu discurso te salvará».

Ofuscado, el oficial se giró y me miró a los ojos. Noté que le habría gustado asentir, aunque dudaba. Le retiré la mano del hombro y le dije:

—Sé que harás lo que consideres oportuno, capitán. Pero, antes de que llegue el momento de enfrentarte a esa situación, permíteme que te cuente una historia. No una cualquiera, sino la más sorprendente historia de la que fui protagonista. Tal vez mi narración te ayude.

Él se limitó a mover una mano para aceptar mi propuesta, como si me concediera un poco apasionado «adelante».

—En otra ocasión, también por mandato real, marché a Bia. No imaginas, capitán, la envergadura del navío que nos proporcionaron para aquel viaje. ¡Oh! —enfaticé, para despertar su entusiasmo—. ¡Si lo hubieras visto! Más de ciento veinte codos de largo y más de cuarenta de ancho.

Estiré mis brazos para dibujar la magnitud de aquel enorme transporte, casi el doble del que acabábamos de atracar; pero él, lejos de mirarme, siguió con la vista perdida.

—¿Y la tripulación? —proseguí—. ¡Por Horus! ¡Qué plantel de navegantes! Ciento veinte hombres tan curtidos que superaban la valentía de cualquier fiera. Ningún león se les podía comparar. Eran tan avezados, que predecían un vendaval cuando sólo era una simple brisa. Y sabían divisar una tormenta antes incluso de que se pudiera vislumbrar una nube. Aunque...

Callé a propósito para saber si el capitán me escuchaba.

—Aunque, ¿qué? —me respondió, inquieto.

Me sonreí. Ahora que ya tenía captada su atención, le podía relatar toda mi historia.

\*

Aquel fatídico día que cambiaría mi vida, el suave movimiento de las olas que nos había acompañado en alta mar cesó de golpe, y la vela, que hasta hacía poco rugía preñada de aire, se desinfló súbitamente. Los marineros más duchos interpretaron la señal al instante: aquella calma repentina no era buena. Así que ordenaron que se trepara al mástil enseguida para replegar la vela y asegurarla a la cubierta. Antes de que pudiéramos sospecharlo, la brisa se tornó pegajosa y nos arañó la piel con un beso cálido que casi quemaba. Todos callaron porque presagiaron lo peor. Yo, que todavía era un inexperto tripulante, me estremecí al reconocer el miedo en sus miradas. Por encima de nuestras cabezas, una nube comenzó a gestarse de repente, desde la nada. Crecía a lo alto, y a mí, que era la primera vez que veía un fenómeno de esas dimensiones, se me antojó un áspid que, hallado cerca de su nido, nos advertía: «Acércate y mi picadura será certera y mortal».

Como la piel de un anfibio, el aire se viró frío y, al contraste con el caliente, generó una espectacular tormenta que empezó a bailar rabiosa a nuestro alrededor. Cuatro marineros corpulentos corrieron a popa a sujetar los dos timones. Trataban de orzar, pero el mar embravecido y furioso los bloqueaba; el navío era incapaz de obedecer sus órdenes. A una señal del capitán, todos los remeros nos sentamos y golpeamos el agua a la vez con nuestras palas. Debíamos alejarnos de aquella nube que, ennegrecida, comenzaba a vomitar rayos y más rayos. Los truenos nos ensordecían, y yo, como si fuera un niño, temblaba de puro nervio. Remábamos, remábamos y remábamos, pero por más que bogásemos, no conseguíamos avanzar. Las olas, sabiéndonos presos, lamían deseosas nuestro espolón y nos levantaban por la proa para dejarnos caer hacia atrás, en un vaivén alocado. Se habían convertido en monstruos de ocho codos de altura que se me antojaban un perro juguetón que, tras cazar una langosta, la lanza al aire para, divertido, atraparla de nuevo en su caída. Solo que nosotros, tripulación y barco, tal y como le ocurriría al insecto, no nos reíamos.

Los dos palos que sujetaban la vela se quebraron y la tela áspera de la vela, al sentirse liberada, envolvió a un par de marineros y los arrastró, con ella, al mar. A la vez, acertada por un rayo, la madera del mástil estalló en un chasquido y se partió en dos. Otra poderosa ola nos levantó de nuevo en el aire y, al dejarnos caer, resquebrajó las cuadernas del navío. La primera hilera que formaba el casco se abrió y el mar conquistó todo el interior. Veía a mis compañeros resbalando por la madera abierta, devorados por un agua hambrienta. Los distinguía sacudidos, ensangrentados, golpeados, hundiéndose. El ansia por seguir vivo me espabiló, buscando auxilio, y no recuerdo cómo, logré atarme a una madera con un trozo de cabo. Justo acababa de anudarme cuando la ola más famélica engulló lo que quedaba de la embarcación y me escupió lejos, vomitándome con furia.

El mismo oleaje debió de arrastrarme hasta la orilla de una isla porque me desperté bocabajo sobre la arena, sin rastro de la madera que me había permitido flotar, pero con el cabo todavía atado a mi cintura. Me levanté despacio y, al tratar de liberarme del nudo, perdí el equilibrio y caí de bruces. Mi cuerpo estaba exhausto y la cabeza me latía tan fuerte que imaginaba que alguien, a mi lado, me la estaba golpeando con un remo. Cerré los ojos para mitigar el dolor, pero entonces las imágenes del naufragio se repitieron en mi cabeza, una y otra vez, como si quisieran despertarme a la realidad. Allá veía de nuevo a un compañero con la mandíbula desencajada de terror, tratando de robar un último aliento de vida. Más cerca, mi imaginación recreaba a otro marinero que arañaba el aire, mientras una sombra negra lo sujetaba por los talones y lo arrastraba al fondo marino. Y entonces, angustiado por la pesadilla que acababa de vivir, caí de rodillas y grité. Y lloré. Y volví a chillar, tan desesperado y tan fuerte como pude. Llamaba a voces por si alguien más había corrido la misma suerte que yo y había logrado escapar del hundimiento, pero nadie respondía. Nadie. Nada. Silencio. Estaba solo. Era el único superviviente del naufragio. Yo, un pobre hombre que se encontraba en la linde de no sabía dónde, mojado, helado, dolorido...

Sentí miedo, mucho desasosiego y, agotando mis escasas fuerzas, reuní unos pocos palos que encontré a unos pasos de la orilla e improvisé una choza. Bajo la protección de la sombra, me quedé en el interior, inmóvil, a solas con mi corazón y mis pensamientos. Tardé tres días en decidir moverme. Tres, las mismas jornadas que separan el mundo de los vivos del de los muertos. El tiempo necesario para comprender que, si bien la tragedia nos había golpeado, yo... ¡todavía respiraba! ¿Y qué podía resultar más importante que el mero hecho de existir, de seguir vivo? Salí del refugio y, poco a poco, fui estirando cada parte de mi cuerpo para recobrar la capacidad de moverlo y andar. Por fortuna, ya no me dolía la cabeza, y la isla, ante mi nueva actitud de celebrar la vida, se me antojó un lugar distinto, como si estuviera bañada por otra luz, pintada de otros colores. Todo vibraba. Todo parecía llamarme y, de nuevo, como si mi cuerpo hubiera vuelto a nacer, me recordaba lo que era tener hambre y tener sed. Guiado por el ronroneo de mi estómago famélico, tomé una senda endulzada con el aroma de fruta madura. No me equivoqué, era como andar por los estantes de una enorme alacena. Tan pronto cogía un higo con una mano como arrancaba un generoso racimo de uva con la otra. Todo estaba fresco, sabroso, dulce. Mordía una pieza, masticaba dos. Comía tan desesperadamente que el jugo me resbalaba por las comisuras. Me manchaba, tragaba, me reía, volvía a engullir y mi cabeza sólo me devolvía una pregunta: todo aquel paraíso que me envolvía, ¿era real? Descubrí más frutos, más verduras, hasta pepinos que brotaban del suelo en un orden perfecto. ¿Quién los habría cultivado? ¿De dónde nacía aquella generosidad que parecía dispuesta a satisfacer mi hambre y la de varias ciudades más? El agua de un río cercano hervía en peces y, a ras de mi cabeza, volaban cientos de patos. Me di cuenta de que toda, toda la isla era una despensa gigante. Y yo, que en mi caminar había usado mi falda para ir recogiendo tanta comida como pudiera, me sentí ridículo por atesorar para después, cuando la abundancia me rodeaba. «Suéltalo», me dije. «No necesitas cargar nada hasta el refugio». Feliz, me sacudí la ropa y la mercancía se desparramó.

Con tanto bienestar a mi alrededor: la bella ensenada, la cosecha, los animales, los riachuelos... sólo pude pensar que aquel lugar era un regalo, un tesoro. Mi vida misma lo era, un obsequio de los dioses. Hasta llegué a pensar si no era un sueño. Tal vez me había golpeado tan fuerte en la cabeza que todo lo imaginaba. Pero entonces me pellizcaba y, al sentir el dolor de mis dedos apresando mi carne, me reía. Estaba vivo, ¡vivo! Al tomar conciencia de ello, recogí leña, encendí una hoguera y preparé un sacrificio para dar gracias a los dioses por haberme protegido, por haberme llevado hasta aquella isla, por cuidar de mí. Estaba orando junto al fuego cuando, de repente, sentí un estruendo que pareció sacudir todo el lugar. Miré al cielo con temor. ¿Otra tormenta repentina? «Por favor, ¡no!, exclamé». ¿El oleaje del mar embravecido? Tampoco. Sentí entonces que era la tierra la que temblaba bajo mis pies, una sacudida acompañada de un ruido horrible, como si mil ramas se quebraran a la vez. Me quedé petrificado, tratando de descubrir qué se acercaba cuando, de pronto, distinguí una enorme serpiente, de unos treinta codos de largo, que se deslizaba deprisa en mi dirección.

Nada más alcanzarme, se levantó sobre sí misma y se quedó de frente, observándome con la misma sorpresa que nos inundaba de pronto a los dos. Yo enmudecí. Era enorme, imponente. «¿Me querrá comer?», pensé angustiado por un instante. Pero, en lugar de huir, mi curiosidad me retuvo a su lado, admirado. Como un dios, todo el cuerpo le brillaba recubierto de oro, y las cejas, que se le arqueaban curiosas al mirarme, las descubrí dibujadas con el azul intenso del rico lapislázuli. Bajo la barbilla le brotaban más de dos barbas y, pese a la ferocidad del conjunto, toda la figura me resultaba venerable. Me sentí en la obligación de adorarla y, con mucho respeto, me postré ante ella.

—¿Cómo has llegado hasta aquí, hombre? ¿Qué te ha traído? —me gritó en la que debía de ser su lengua.

Yo no pude entender lo que pronunciaba. Ante mis oídos, sólo podía interpretar un siseo modulado, estridente, que denotaba enojo. Pero yo no me atreví a contestar porque... no la comprendía.

—Si tardas en decirme cómo alcanzaste esta isla —el tono se agrió y me resultó más agudo—, te destruiré, sólo quedarán tus cenizas y desaparecerás.

—Entiendo que me estás hablando —me atreví a responder—, pero te aseguro que no soy capaz de comprender tu lengua. Perdóname porque no trato de desafiarte con mi silencio; es que, aunque esté frente a ti, no consigo entender tus palabras.

Entonces, el reptil se acercó a mí y, abriendo la boca más de lo que unas comisuras normales habrían permitido, me tomó entre los labios y, arrastrándose de nuevo sobre el vientre, me llevó con ella, sujeto por su mandíbula. Recorrimos gran parte de la isla hasta llegar a una cueva enorme que interpreté que debía de ser su guarida. Allí, en lo más profundo, abrió las fauces y me dejó salir. Revisé mi cuerpo, pero no me había provocado ni un solo rasguño. Nada me dolía. Yo, agradecido de que no me hubiera tragado, me postré otra vez ante ella y entonces, y sólo entonces, pude entender cada una de las palabras que me dirigía.

—¿Cómo alcanzaste mi isla, hombre? —volvió a preguntarme—. Por todos lados nos rodea el agua del mar, ¿cómo es posible que hayas acabado aquí, junto a mí?

Para mostrar respeto ante su autoridad, encogí los hombros y traté de explicarme:

—Yo llegué hasta Bia, fuera del valle del Nilo, en una misión encomendada por mi rey. Navegábamos en un barco de más de ciento veinte codos de largo y cuarenta de ancho, regido por los ciento veinte marineros más instruidos de todo Egipto —suspiré—. Eran bravos como leones, expertos como nadie más. Capaces de saber cuándo el viento arreciaría las velas con furia o cuándo una nube descargaría su agua sobre nosotros, antes incluso de que se formara. Todos resultaban útiles para la odisea, cada cual más fuerte y bravo que el compañero de su lado. Pero... todo fue inútil.

Aquí realicé una pausa, angustiado por la pérdida de aquellos hombres con quienes, apenas unos días antes, había comido, reído, aprendido, dormido y cantado. El ser extraordinario observó mi turbación y me notó dolido, como si pudiera entender la aflicción de quien ha perdido todo.

—Una tormenta nos sorprendió en alta mar —recobré las fuerzas y proseguí la narración—, con un viento que levantaba olas de más de ocho codos de alto. Unas barreras de agua que nos mecieron hasta romper la embarcación en dos. El mar, ansioso, nos engulló. Nadie sobrevivió, excepto yo, que había logrado atarme a un tablón. Debí de golpearme con él en la cabeza porque perdí el sentido y para cuando me desperté, me hallé ya en esta isla donde, sin duda, las olas me arrastraron.

Se acomodó sobre la cola y permaneció en silencio sin dejar de observarme. Su mirada, que en un principio me había resultado inquisidora y agria, adquirió un punto compasivo. La serpiente moduló su voz, más tranquila:

—No tengas miedo, hombre. Ahora ya estás conmigo.

Su tono me resultó hipnótico. Confié en ella y me relajé.

—Ha debido de ser una de las deidades quien ha permitido que sobrevivas —me confesó— y, sin duda, una de ellas ha decidido que debías ser traído a la isla del *Ka*, de la fuerza vital, el lugar repleto de todo lo bueno.

Yo, que me sentía un ser insignificante, no pude más que inclinar la cabeza al sentirme tan bendecido por los dioses.

—Nada echarás en falta aquí —continuó aquel ser dorado—. No hay cosa que no posea este sitio porque todo está contenido en su interior. Así que la isla te proporcionará aquello que precises mientras residas en ella. Todo.

Por un instante debí de sonreír por aquella increíble oportunidad que había nacido de mi propia desgracia y ella, al ver la alegría dibujada en mi rostro, exclamó:

—¡Qué feliz es quien, tras superar las adversidades, puede narrarlas! ¿Verdad, hombre?

Asentí sin dudarlo. Me costó tres días descubrir que, por mucho que me doliera la pérdida de los demás marineros, yo no estaba muerto. Pese a la desgracia del naufragio, gozaba de una nueva oportunidad de vivir y estaba dispuesto a aprovecharla.

—Es un consejo muy sabio —afirmé—. Superar la adversidad.

—Con un coste muy alto de aprendizaje —decretó el ofidio—. Déjame explicarte cómo mi propia desgracia, similar a la tuya, me llevó a ser consciente de ello.

De esa manera, la serpiente me relató su historia.

*

—Yo no vivía en soledad.

La revelación me sorprendió. «¿Más dioses?», pensé, mirando a mi alrededor por si percibía alguna señal de más compañía. Sin percatarse de mi indiscreción, la serpiente agachó la cabeza y, distraída, agitó la punta de la cola dorada como si buscara valor para narrarme algo que sabía que, seguro, le iba a doler de nuevo.

—Sumábamos un total de setenta y cinco reptiles en la isla, contando a mis hermanos y a mis propios hijos, incluida la menor, aquella que, tras rogar tanto a los dioses, me había sido concedida como un presente, mi pequeño regalo.

Aquí calló e imaginé que el recuerdo de esa joven había regresado a su memoria. Dejé que la contemplara en silencio. Mi anfitriona tomó aire y se irguió de nuevo.

—Aquella noche aciaga, el firmamento se quebró y lo que comenzó siendo un bello haz de luz que dividía en dos la oscuridad, se convirtió con rapidez en una estrella caída que, sin piedad, avanzaba hacia nosotros para erradicarnos. Apenas alcanzó nuestro lugar, arrasó toda la vida en una explosión gigante de fuego.

Yo escuchaba boquiabierto, imaginando aquel poder destructivo.

—Nos abrasamos. Y yo...

La serpiente guardó silencio. Esta vez, una pausa más larga.

—... Yo no estaba entre ellos —logró terminar la sentencia. Su tono evidenciaba culpabilidad—. No me encontraba a su lado cuando la bola ardiente se acercó. No pude calmar la angustia de saber que iban a viajar al otro mundo de un modo tan repentino. No puede despedirme de mis hijos, no pude abrazarlos ni consolarlos. No pude compartir con ellos el último aliento, ni acurrucarlos contra mi pecho para desearles lo mejor en el nuevo camino. No —confirmó con suma tristeza—, no estuve a su lado.

Como padre, entendí bien el desgarro de aquel dolor. No hay mayor pérdida en la vida que la de un hijo.

—Para cuando logré alcanzarlos, no eran ya más que un montón de cadáveres, todos calcinados. Los amaba. ¡Los quería a todos! Pero —confesó—, sólo la busqué a ella. Escarbé entre los restos quemados para localizarla. Mi niña, mi pequeña... Los más jóvenes se habían acurrucado en un círculo y, en medio de ellos, la reconocí. Me encontré con la figura de mi hija. Lloré con amargura al verla petrificada como los demás, con sus diminutos brazos tratando de protegerse el rostro de aquella luz que abrasaba. Ella, tan frágil, tan débil. Sola, abandonada en mi ausencia. Quería besarla, pedirle disculpas por no salvarla, por no haber podido despedirme... Pero, nada más tocarla, la silueta se desdibujó en cenizas y desapareció entre mis dedos, arrastrada por el viento. Todos y cada uno de mis descendientes, de mis hermanos, se volatizaron. Todos. Me quedé sola.

Compartimos el silencio durante largo rato; ella, por melancolía, y yo, por respeto a su dolor. Entonces, la dueña de la isla se recompuso y se arrastró hacia mí, muy cerca, para situar sus ojos a la altura de los míos. Algo había cambiado en aquella mirada, en la que se adivinaba una luz de entusiasmo.

—Tú eres valiente, hombre. Tu corazón alberga coraje —me dijo, mirándome a los ojos—. Lo huelo en tu interior. Lo sé.

Azorado, asentí. Aunque había tenido algún momento de flaqueza, nunca me llegué a creer un cobarde.

—Por eso, como te he dicho, te ayudaré. Yo no... —musitó—, pero tú sí, tú aún estás a tiempo.

—¿A tiempo...?

—De regresar con los tuyos —confirmó solemne.

Descansé sobre los talones y suspiré. «Regresar», magnífica palabra que me provocó un vuelco en mi interior. ¿Existía alguna opción de salir de la isla? ¿De retornar a mi hogar? Me miré las manos. Las mismas que adoraban el cuerpo de mi esposa, las que lanzaban al aire a mis retoños y cazaban sus risas. ¿Volverían aquellos dedos a sentirlos tan cerca? ¿O se desvanecerían en mi recuerdo como las cenizas de su hija pequeña?

—Escúchame. Haz lo que te ordeno. Vivirás aquí en la isla conmigo, mes tras mes, hasta completar el número de cuatro. Entonces, la Residencia enviará un barco a recogerte.

La miré sorprendido. ¿Era posible que en mi hogar supieran que yo había sobrevivido? ¿De verdad serían capaces de encontrarme en aquella isla perdida?

El ser dorado de cuerpo y cejas de lapislázuli me sonrió, como si adivinara mi zozobra.

—No te preocupes, hombre, llegarán. Cree en mí.

Yo asentí, deseoso de que fuera cierto.

—Es más, bien conoces tú los nombres de los marineros que vendrán a buscarte. Con ellos regresarás a tu hogar porque, atiéndeme, no perecerás fuera de tu tierra. Al contrario, sé que morirás en tu ciudad, donde tu cuerpo será honrado como mereces.

Aquellas palabras todavía me emocionaron más. No sólo la divinidad sabía cuándo llegaría el barco a rescatarme y con quién, sino que me confesaba que yo partiría al otro mundo desde mi tierra. En mi hogar. No moriría en un navío, ni en una tormenta, ni en aquella isla, sino... ¡en mi casa! ¡Oh, la creí! Sí, claro que la creí.

—Regresarás a tu morada —sentenció la serpiente, tan emocionada como si ella misma pudiera gozar de aquella nueva oportunidad—. Y besarás a tu mujer, tus hijos correrán a abrazarte y dormirás de nuevo en tu lecho. La Residencia te aguarda, hombre. Allí es donde debes estar y allí permanecerás, junto a tus hermanos.

Me encomendé a aquel ser extraordinario, cuyas cejas azules se movían agitadas de alegría, como si hubiera encontrado un quicio para ser capaz de doblegar al destino, dibujándolo a su antojo. No pudiendo estar más agradecido, me agaché en una reverencia y besé el suelo, frente a él.

—Cuando llegue al Delta, explicaré tu poder al soberano —le indiqué, gratificado—. Haré que Egipto celebre tu grandeza. Así te serán traídos los mejores aceites de ofrenda, todas las especias y el incienso que satisfacen a los dioses de los templos.

Ella me observó con curiosidad, mesándose las barbas.

—Yo contaré lo que me ha sucedido en esta isla, todas tus obras. Delante de los magistrados, se dará gracias al dios por ti. Ofreceremos patos y hasta bueyes en sacrificio para honrarte. Todo lo más valioso del Nilo te será traído en barco, como la ofrenda que se regala a un dios benévolo que ama a la gente de una tierra lejana que ni tan siquiera ha visitado.

Prometí todo aquello, eufórico, sintiendo que era el justo pago por sus cuidados. Pero ella, de pronto, empezó a reírse a carcajadas y el eco de las risas se agrandó, golpeando las paredes de la guarida y rebotando en las paredes de mi desconcierto.

—La mirra me pertenece, hombre —repuso, divertida—. Los aceites que prometes son los que más abundan en esta isla. Yo gobierno el Punt y soy dueña de todas las riquezas, no sólo de las que mencionas, sino de todas aquellas que incluso no nombras porque tu ignorancia no las conoce.

Me encorvé, avergonzado, al no valorar la magnitud de su grandeza. Todo lo que yo había expresado eran banalidades para ella.

—Además —prosiguió, sin darle mayor importancia a mi error—, una vez que abandones este lugar, hombre, no volverás a pisar jamás esta isla. Las olas la engullirán y desaparecerá en el mar ante tus propios ojos. Nunca regresarás.

La vida en la ínsula transcurrió serena para mí. Nada me faltaba y cada día disfrutaba con la compañía de mi protectora. Al cuarto mes, tal y como ella había profetizado, yo estaba encaramado a una de las ramas más altas que me permitía controlar la ensenada cuando vi llegar el barco prometido, el que debía devolverme a casa. Como bien me había anunciado, reconocí los rostros y los nombres de los marineros que acudieron a mi rescate y que se aproximaban a la orilla.

Bajé del árbol y corrí hacia la guarida. El corazón me cabalgaba en el pecho. Sentía un gozo enorme y quería compartirlo con ella, lo necesitaba. Encontré a la serpiente en lo más profundo de la cueva y, antes de que yo fuera capaz de recuperar el aire tras mi carrera, se enroscó sobre sí misma y me dijo, con cierta pena:

—Lo sé. Es el día. Han venido a buscarte.

Los ojos se me encendieron de dicha. Me habría gustado abrazarla, pero, en señal de respeto, recogí mis brazos, cruzándolos por delante de mi pecho y me postré ante ella.

—¡Salud, hombre! —me deseó—. Regresa a casa y regocíjate al sentirte de nuevo entre tus hijos. Da a conocer mi nombre en tu ciudad, habla bien de mí. Pero, aguarda, no vuelvas con las manos vacías. Todo lo mío es tuyo, lleva contigo mis riquezas.

La cueva se iluminó y, de pronto, aparecieron tantos bienes frente a mí que los hombres de mar y yo tuvimos que formar una enorme cadena de brazos, desde la guarida a la ensenada, para poder embarcar todos los obsequios que me habían sido concedidos. Por la ladera, de mano en mano, se transportaron cientos de terrones de incienso, enormes colmillos de elefantes y suaves pieles de jirafa. Se depositaron en la bodega los mejores perfumes, las especias, el aceite y la mirra que, generosos, ocupaban gran parte del navío. Se crearon jaulas para los mandriles, que provocaban tal algarabía que los marineros los observaban boquiabiertos, entre asombrados y divertidos. Cuando me cercioré de que hasta el último de los perros había sido embarcado, regresé junto al ofidio y, de nuevo, me postré ante él para darle las gracias.

Para despedirnos, la serpiente me dijo:

—En dos meses, hombre, llegarás a la Residencia. Cuando estés allí, abraza a tus hijos con fuerza, como yo hubiera arropado a los míos. Jamás los abandones y, recuerda lo que yo afirmo: no perecerás antes, sino que prosperarás allí hasta tu muerte.

En la playa, a los pies del barco ya cargado de tantos bienes, los marineros y yo oramos juntos para dar gracias al señor de la isla. Levada el ancla e izada la vela, el viento nos empujó mar adentro. Yo me quedé en la popa, observando cómo el perfil de la isla se empequeñecía mientras nos alejábamos y, de pronto, como ella misma me había advertido, bañada en un destello dorado y azul que cubrió el aire, las olas lamieron la delgada línea de su relieve y… desapareció.

Como ya sabía por las verdades de la deidad, a los dos meses exactos de la partida, nuestro navío ancló en el puerto de la Residencia. Organicé una caravana enorme con todos aquellos magníficos obsequios que me había regalado y que yo mismo conduje a palacio para ofrecérselos a mi soberano. Delante de los más altos cargos, mi rey dio gracias al dios por mí y agradeció los presentes. Como recompensa por el éxito de mi viaje, fui nombrado excelso asistente y se me asignaron doscientos dependientes a mi cargo. Entonces, recordé las palabras de la dueña de la isla y comprendí el sentido de las mismas: «Prosperarás».

*

Cuando terminé el relato de aquella prodigiosa aventura, mi capitán, que había escuchado toda la narración en un respetuoso silencio, seguía callado.

—¿Comprendes mi discurso ahora?

El oficial, cansado, volvió a dejar caer el peso del cuerpo sobre la barandilla y, preocupado, se sujetó la cabeza, perdiendo la vista al frente.

—Fíjate en toda la dicha que me aguardaba tras el naufragio —continué para animarlo—. Me habría sido imposible predecirla. Y a ti, capitán, te ocurrirá lo mismo. Recuerda la frase de la serpiente: «Qué feliz se siente uno cuando ya ha dejado atrás lo malo y puede contarlo».

—Amigo mío —me replicó, obstinado en lamentar el infortunio—, no te esfuerces, no desperdicies tu tiempo conmigo.

Ante su pasividad, me di cuenta de que nada de lo narrado había logrado su propósito. Su ceño seguía fruncido, la angustia del corazón aún le amargaba.

—De nada me han servido tus historias —insistió.

Sentí lástima por el capitán, incapaz de ver lo que realmente importaba: habíamos regresado vivos. La benevolencia de nuestro señor así lo comprendería. Me encogí de hombros convencido de que, de haber estado a mi lado, la serpiente de cejas de lapislázuli me habría susurrado: «No se puede ayudar a quien no se deja».

# UN PRODIGIO EN TIEMPOS DEL REY NEBKA

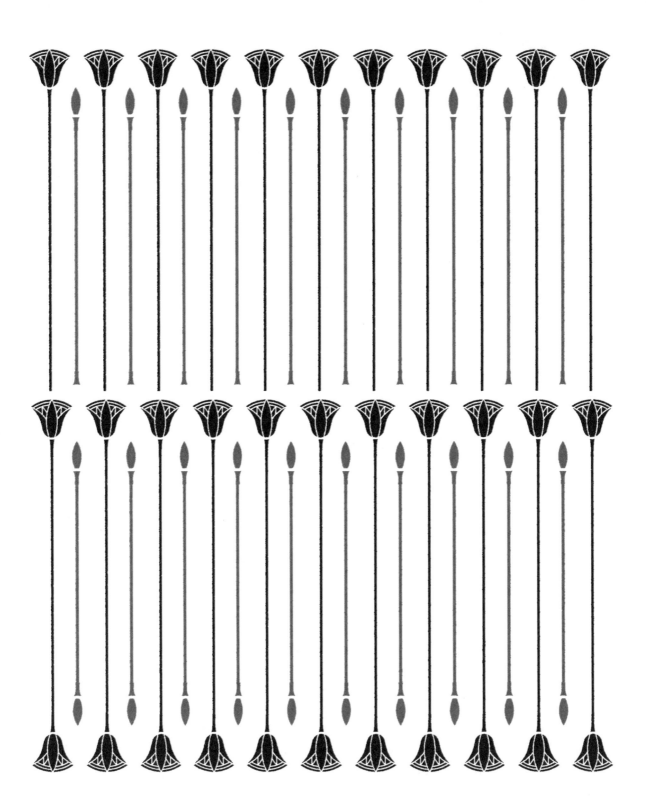

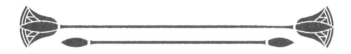

Antes de ponerse en pie para contar el relato, como se le había requerido, el príncipe Quefrén aguardó un momento. Con la palma de la mano derecha acarició el lino que le resbalaba sobre las rodillas y, con disimulo, ensanchó las aletas de la nariz para tomar más aire. Como segundo sucesor de Queops, dominaba la oratoria, así que aspiró hondo hasta que, con la confianza de siempre, llenó los pulmones. Con pasos cortos, caminó hasta el centro de la estancia. A su paso, repasaba con la mirada a cada uno de los presentes que, al momento, se sintieron aludidos y expectantes del discurso. Seguro de sí mismo, alcanzó el espacio vacío frente al trono del monarca y se reflejó en los orgullosos ojos de su padre, quien, consciente del talento del vástago, le concedió permiso para hablar ante la audiencia.

—Majestad, permitidme que os relate la que, sin duda, será una historia que os resultará... ¡prodigiosa!

Las paredes le regalaron un leve eco, el suficiente para despertar la curiosidad del auditorio, justo como él quería. «Prodigios, magia...», pensó satisfecho. «¿Qué puede seducir más al público que la narración de lo imposible?».

—Lo que voy a narraros ocurrió en tiempos de vuestro antepasado, el difunto Nebka —explicó, otorgando veracidad a la historia—. El buen rey había navegado por el Nilo para visitar el templo de Ptah, nuestro dios creador, en Anj-taui.

Quefrén movía las manos en el aire, con tal habilidad narrativa que los presentes eran capaces de ver a través de su voz. Con las palabras de su historia cobrando vida en el aire, todo el auditorio viajó hasta la ciudad de Menfis. Allí, junto al puerto fluvial, sintieron cómo las aguas tibias del río les acariciaban los pies. Y en cuanto escucharon que el rey Nebka andaba hacia el área sagrada, la audiencia lo acompañó por el camino mientras, a su lado, brotaban las estatuas, surgían los bloques de granito rojo y, sobre ellos, se elevaban las paredes del templo del dios constructor.

—Hasta aquel lugar, y como parte del séquito personal —prosiguió Quefrén—, el rey se había hecho acompañar del favorito, el sacerdote lector Ubaoner. Su nombre, «el que abre la piedra», ya presagiaba un gran poder.

Bajo el dictado del narrador, todos recrearon la fisonomía del jefe religioso como si, en verdad, el propio Ubaoner hubiera atravesado el tiempo y se hubiera presentado allí mismo. Así, descubrieron a un hombre de mediana edad, de hechura comedida. Su fisonomía era proporcionada, pero sin llegar a ser definido como un hombre fuerte. Como todos los religiosos, mantenía la cabeza afeitada, lo que daba un mayor protagonismo a los ojos rasgados y a una nariz que, enigmática, se desviaba ligeramente a la izquierda. Cruzada sobre el pecho, lucía la banda que recordaba su posición privilegiada. Como sacerdote lector, Ubaoner era el único que tenía acceso al estuche mágico de ébano y marfil, aquel que encerraba los papiros de mayor sabiduría, las fórmulas secretas que sólo él conocía; el único al que le estaba permitido pronunciarlas.

—Como buen siervo —continuó Quefrén—, el religioso no dudó en acatar las órdenes de su señor y acompañarlo en aquel viaje.

Todos asintieron al unísono; al faraón se le debe obediencia.

—Pero, al cumplirlas... —el príncipe bajó el tono de voz, como cuando se confiesa una debilidad—. ¡Ay! Al alejarse tanto de la casa, el lector dejó desprotegido lo que su corazón más amaba...

Otro silencio prolongado. Otra pausa. El narrador se sonrió. La atención de los presentes ya era toda suya, así que, tras aquella introducción, relató de corrido el resto de la historia...

*

—Mi señora... —se atrevió a objetar la sirvienta, tras escuchar las órdenes. La mujer de Ubaoner la miró con tal acritud que la joven no terminó la frase y, avergonzada, agachó la cabeza. No tenía permiso para replicar al ama, por descabellada que la idea le pareciera.

—Irás en cuanto anochezca —le volvió a indicar la esposa del sacerdote—. Que te acompañen dos hombres. Elige a quienes gocen de tu confianza. —El ama sujetó a la muchacha por la barbilla y la obligó a mirarla a los ojos—. Han de ser discretos. Lo entiendes, ¿verdad?

La joven contestó con un escueto «como deseéis», aunque, de haber tenido valor, le habría gustado replicar: «Pero... ¿estáis segura, mi señora? Si vuestro esposo llegara a saber...». Sin embargo, calló y, tras una reverencia exagerada, abandonó la estancia para preparar el regalo,

96

tal y como se le había pedido. Abrió un cofre y, en el interior, fue depositando los lujosos vestidos de lino y gasa que habían sido escogidos por el ama e incluso una túnica, cuyo tacto suave acarició la muchacha, pensativa, durante largo rato. No se había atrevido a confesárselo, pero sentía que los ropajes le hablaban y que, entre susurros, le presagiaban una fatal desdicha. Pero, tras suspirar, rechazó el nefasto pensamiento y continuó preparando el obsequio, como se le había exigido. Sólo podía obedecer.

En cuanto la noche se cerró, la muchacha se vio sentada a lomos de un asno que, amparado entre las sombras, alcanzó una humilde casa, lejos de la ciudad. Escoltada por dos siervos que la habían seguido a pie, tocó a la puerta con timidez y un hombre joven la atendió enseguida. Cualquiera habría podido perderse en aquellos profundos ojos, cuyas pestañas eran tan densas que no necesitaban ser trazadas con *kohl* para destacar la belleza de su mirada. Vestía un *shendyt* blanco, tan sencillo como su origen, con un cinturón de cuero que impedía que la falda le resbalara por aquellas poderosas piernas. A pesar de la escasa luz de la lumbre, la muchacha observó la piel canela del hombre que envolvía un cuerpo fornido, de amplios hombros y estrecha cintura; todo en un perfecto equilibrio muscular. Al entregarle el presente de su señora, un viento helado le azotó la nuca y, deprisa, regresó a la residencia.

*

—¿Y bien? —requirió nerviosa la esposa de Ubaoner, a la mañana siguiente.

La joven asintió, sonrojada.

—Agradece vuestro obsequio y dice que se vestirá con las prendas para encontrarse con vos en el lugar donde deseéis.

La mujer, comportándose como una niña enamoradiza, juntó las manos sobre el pecho, extasiada. Con el latir desbocado, la esposa del sacerdote podía sentir las pulsaciones, punzantes, aceleradas. Igual le estaban advirtiendo del error que iba a cometer, pero ella no escuchaba a la razón. Se había encaprichado de la belleza del joven nada más descubrirlo, trabajando entre los cultivos de trigo lejos de la ciudad. Discreta, no cesó hasta que el nombre del muchacho le fue revelado. Y, al saberlo, como si ello le diera permiso para poseerlo, lo repetía incansable día y noche. Primero, dentro de su cabeza, cuando yacía con su esposo, momento en que se obligaba a cerrar la boca por miedo a que su deseo lo pronunciara en alto. Luego, repetía el nombre en un susurro que ronroneaba a solas, casi masticándolo, hasta que el sueño la vencía y la transportaba hasta los brazos de aquel plebeyo. Deseó al muchacho como se desea el agua tras cruzar el

97

desierto, con ansia. Quizá porque nunca había amado a su esposo, quizá porque en los brazos del religioso no hallaba ninguna pasión y, empujada por el vacío, quería beberse al joven, devorarlo, poseerlo. Se ilusionaba con hundir los dedos en aquel cabello ondulado, separar los rizos, uno a uno, mientras ambos reían. Se imaginaba perdida en la negrura espesa de sus ojos, entre los torneados bíceps; quería sentirse abrazada, deseada, amada. Moría por acariciar aquella piel, perfumarla en secreto con los más ricos aceites que, como labrador, él jamás habría soñado. Lo untaría con el aroma profundo del ámbar, la delicadeza del jazmín. No había instante en que no se desviviera por acariciar el pecho fornido, recorrerlo con el índice y trepar hasta los carnosos labios que, despacio, mordisquearía antes de besarlos.

*

—Deprisa —indicó el ama, víctima de su acrecentada pasión—, convoca al intendente del jardín. Dile que prepare el pabellón para esta misma noche.

—¿El quiosco junto al estanque, mi señora?

Ella asintió, decidida, por fin, a actuar. Aquel lugar, alejado de la casa principal, protegería su intimidad. Se sentía segura.

—Sí, es perfecto. Que lo limpien, que lo adornen con flores y que lo llenen de manjares. Aguarda... —se quedó pensativa—. ¿Qué crees que le apetecerá más?

La joven la miró sin comprenderla.

—Para comer, niña —insistió la mujer del sacerdote—, ¿qué le gustará?

—Estará acostumbrado a comer pan y beber cerveza —apuntó la sirviente.

La señora se rio y negó con la cabeza. «Qué ingenua», pensó. «La rutina no es seductora».

—Ordena que cocinen carne, que la sirvan con loto y papiros, con pepinos y habas. Que nos brinden racimos generosos de uvas dulces, adornadas con finas rodajas de melón. Que cocinen con miel exquisitos dulces y que todo nos sea regado con vino o... ¿Crees que habrá probado la suavidad de la cerveza endulzada con dátiles?

La criada negó. Aquélla era una bebida que sólo podían permitirse las clases altas.

—¡Perfecto! Pues que nos sea servida también.

*

El jefe de los jardineros sospechó de la infidelidad desde el mismo momento en que la esposa de Ubaoner ordenó adecentar el espacio de recreo, al que nunca acudía. Aquella parte de la zona

 98

palaciega era un lugar bellísimo que él mismo cuidaba con esmero. Pero sólo era visitado por su señor cuando su mente se refugiaba en soledad. ¿Ella? En qué pocas ocasiones, o en ninguna, la había visto acercarse o apreciar el trabajo que la cuadrilla obraba en aquel vergel. No, aquel espacio del jardín no era el lugar preferido de su señora. Aun así, cumplió las órdenes dadas y preparó el espacio con el mayor de los cuidados. Eso sí, en cuanto el dios sol se encaminó al ocaso y las sombras le regalaron protección, el sirviente, fiel al sacerdote, se escondió entre los matorrales cercanos para descubrir qué estaba ocurriendo. Desde allí, escuchó las risas de la mujer y su invitado, observó las caricias, entrevió el deseo que proferían los gemidos y se acercó para observar la pasión desatada. No sabía qué le apenaba más, si la ignorancia de su amo o que aquel joven, de burdos modales, no fuera más que un simple hombre de campo que se había atrevido a yacer con un ser tan superior. ¿Cómo podía haberse fijado ella en alguien tan insulso? Apenado y ofendido, permaneció oculto hasta que los amantes se despidieron y ella regresó a la casa.

El joven, con el permiso de ella, se quedó durante un tiempo más en el recinto. Con los labios abrasados por los besos y el cuerpo azotado por el aire tórrido, el plebeyo se lanzó desnudo al estanque y nadó satisfecho hasta la mitad, donde dejó el cuerpo inerte, flotando entre la sorpresa y la felicidad. Era incapaz de adivinar cuál de todos los dioses le había regalado aquella dicha, así que miraba hacia las estrellas y se imaginaba que, por fin, había logrado el destino que merecía. De este modo transcurrió la primera noche de los amantes. Y también la segunda, y la tercera... hasta que el jardinero fiel decidió que había llegado el momento de compartir aquella impúdica noticia con Ubaoner, convencido de que, con sabiduría, el sacerdote dictaría cómo se debía proceder. Con aquella intención, el empleado remontó el Nilo hasta Menfis y aguardó paciente a que su señor terminara la ceremonia del día para solicitarle audiencia. Cuando se quedaron a solas, le relató todo lo que había visto con sus propios ojos, sin omitir ningún detalle. Le explicó cómo la pareja consumía el día juntos y el modo en que se despedían, ya entrada la noche, con aquella última zambullida del muchacho; lo único que era capaz de separar un cuerpo del otro.

Apesadumbrado porque, en realidad, él sí amaba a su esposa, Ubaoner se acarició la cabeza rapada. En silencio, permaneció un tiempo prudente, sopesando qué debía hacer, hasta que, decidido, pidió al jardinero que le aguardara fuera. Entonces, chasqueó los dedos y dos de los ayudantes respondieron enseguida a su llamamiento.

—Necesito el estuche de ébano y marfil; id a buscarlo —sentenció con voz queda.

Los jóvenes no replicaron, pero cuando llegaron a la estancia donde se conservaban los más sagrados pergaminos, ninguno de los aprendices se atrevió a coger la caja solicitada. Sabían que encerraba tanto poder, entre secreto y oscuro, que la pequeña arca los intimidaba. Decidieron transportarla a la vez, tomándola cada uno de un extremo. Al llegar a la habitación, y con mucho respeto, la depositaron sobre la mesa de trabajo de su señor y, antes incluso de que el lector les ordenara que lo dejaran solo, se retiraron aliviados.

Ubaoner tomó aire para abrirla, como si él mismo dudara, no ya del contenido, sino de las consecuencias de lo que su mente había ideado. Pero la duda de llevar a cabo el plan sólo le perturbó un instante. Decidido, abrió el estuche de ébano y marfil y rebuscó entre los papiros. Sabía cuál necesitaba. Lo cogió y lo extendió, con mimo, delante de él. Luego, hurgó en el contenido de la arqueta hasta encontrar un trozo de cera y, sentándose a la mesa, con un utensilio de cobre, comenzó a tallar una figura. Primero apareció la panza, tan ancha como la espalda que, con esmero, rellenó de protuberancias y de cuatro patas cortas. Después esculpió la cola, casi tan larga como el resto del cuerpo, arqueada en puntiagudas crestas. Más tarde se concentró en la mandíbula alargada, donde, a conciencia, talló los afilados colmillos, grandes y pequeños; tantos que, con la boca cerrada, sobresalían por las comisuras.

Acabadas las fauces y mientras recitaba las preces del papiro, esculpió cada uno de los ojos, redondos y dominantes. Y, antes de dar la obra por finalizada, buscó un utensilio más afilado y, con él, se detuvo en el iris de la criatura. Trazó un corte pequeño, en vertical, muy estrecho, serpenteante. Al contemplarlo, se le antojó una réplica de la llama de su amor que, con la verdad descubierta, agonizaba ahora en la mirada de aquella bestia. Impresionado por el realismo, terminó de pronunciar las oraciones y, tomando la obra con ambas manos, la elevó sobre la cabeza para ofrecerla a los dioses mientras recitaba: «Quienquiera que se adentre en las aguas de mi laguna...». Luego, la situó a la altura de su boca y exhaló sobre ella el aliento cálido hasta vaciar los pulmones. De esa manera, la dotó de vida.

El sacerdote lector cerró los ojos, extenuado por el esfuerzo. Sin embargo, sintió una paz extraña, como si el alma dolida estuviera complacida ante aquella cruel respuesta. Le sorprendió ese extraño sentimiento de venganza, dulce y amargo a la vez. Antes de poder arrepentirse, mandó llamar al intendente que lo aguardaba.

—Extiende las palmas —le indicó al jardinero.

El sirviente observó la pequeña escultura de un cocodrilo, no mayor de siete dedos, que su señor le depositó con cuidado sobre las manos.

—Guárdala en tu alforja hasta que regreses a casa. No la muestres a nadie. No la saques a la luz del sol y no permitas que toque el agua. No hasta llegar a la laguna de nuestra casa. ¿Me has comprendido?

—¿Qué ocurrirá si se moja? –se atrevió a preguntar, atemorizado.

El lector de los pergaminos mágicos no contestó. Así que el jardinero bajó la mirada y se quedó contemplando la talla, estremecido.

Habría jurado que los minúsculos ojos de cera del cocodrilo le observaban.

—Acude a tu escondite junto al quiosco y aguarda en él —le ordenó su señor—. En cuanto la noche os cubra, espera a que mi mujer se marche y, cuando el plebeyo se bañe de nuevo en el estanque, saca la estatuilla y sumérgela en el agua. No temas, que a ti nada te hará, pero, precavido, retírate enseguida.

*

A su regreso, el sirviente respetó todas las órdenes. Se refugió en los matorrales, desde donde volvió a escuchar la algarabía de los amantes y aguardó quieto en las sombras, entre impaciente y asustado. Deseaba deshacerse de aquella enigmática figurilla que lo amedrentaba y que, pese a ser de cera, sentía latir en el fondo de la alforja. No tardó en caer la noche y en repetirse la despedida de la pareja que, esta vez, se le antojó eterna. Ella entrelazó los brazos por el cuello del muchacho hasta enredar los dedos en su cabello, como tanto le gustaba. Él la besó en la frente, luego sobre los ojos y en las mejillas. La mujer, divertida, lo empujó hacia atrás para que se retirara.

—¡Márchate! ¡Aléjate! —le alentó ella—. Si permaneces siempre a mi lado, te aburrirás pronto de mí.

Él la tomó de la cintura y hundió la cabeza en su generoso pecho. Lo besó cien veces antes de confesarse.

—¡Eso es imposible!

—¡Vete! ¡Fuera! —le pidió ella, apartándolo, consciente de que la ausencia de los amantes aviva el deseo.

—Báñate conmigo —rogó él—. Deja que el agua nos acaricie juntos.

Ella rechazó la tentativa. Prefería conservar su aroma pegado a la piel, así que le dio la espalda y se despidió, agitando una mano en el aire. Él la llamó por el nombre, varias veces, suplicándole. Pero ella decidió no volverse. El chapoteo del agua, al recibir el cuerpo desnudo del amante, selló el adiós y, sin sospechar la tragedia que estaba a punto de ocurrir, la esposa infiel regresó a la mansión.

\*

Entonces el jardinero, tal y como había prometido a su señor, se acercó al estanque y se puso en cuclillas entre los juncos, lejos de donde el joven nadaba. Con la proximidad del agua, la alforja le regaló un par de sacudidas, como si supiera que había llegado el momento de despertar. Temeroso, metió la mano en la bolsa y, tomando la escultura por la cola, la posó con mucho tiento sobre el agua. Al contacto con el líquido, la diminuta pieza se transformó y los apenas siete dedos de largo se convirtieron en siete poderosos codos. Asustado, el hombre silenció un chillido, la soltó y cayó hacia atrás. El reptil, casi tan largo como una palmera, no le prestó atención, sino que, como si cumpliera una orden, se sumergió en la profundidad del agua y, agitando la cola, se dirigió sigiloso al centro del estanque. El animal observó la figura de aquel hombre que flotaba por encima de él, relajado, imprudente. El amante agitaba los brazos despacio, disfrutando de la noche y del sexo consumado, sin sospechar que tanto cocodrilo como marido, lo estudiaban desde el fondo del estanque. El iris alargado de la criatura se encendió en fuego de odio y, a la orden interna de su amo, abrió las mandíbulas y emergió para atrapar, por sorpresa, a su víctima por la cintura. Al muchacho no le dio tiempo a gritar, ni tan siquiera tuvo la oportunidad de escapar. El jardinero, que lo había observado todo con el corazón encogido, sintió que la escena había durado un suspiro: en un instante el chico flotaba y, al siguiente, tras apenas una burbuja eructada, los dos seres habían desaparecido en el interior de la laguna. El reptil arrastró a su presa hacia la parte más honda del estanque y allí se quedaron ambos, inmóviles, en el fondo, como si hombre y cazador hubieran regresado a una forma inerte de cera esculpida. Ninguno de los dos tenía latido.

\*

Siete días transcurrieron.

Siete días de angustia con siete noches de soledad, donde la esposa de Ubaoner repasaba cada detalle de la última velada que había compartido con su amante. ¿En qué había errado?, se preguntaba. Desesperada, repetía las frases, recordaba los besos, las promesas y las caricias. ¿Qué detalle nefasto había provocado aquella ausencia? ¿Acaso la estaba castigando? ¿Yacería en los brazos de otra mujer? Con cada albor del día, la criada entraba en los aposentos y, ante la

mirada inquisitiva de su ama, negaba con la cabeza. No traía noticias porque nada se sabía del joven: ni en los campos de trigo, ni en la humilde choza, ni en la ciudad. Nadie lo había visto. Nadie se explicaba la partida. Nadie. Nada. Hasta que el viaje del rey terminó y Ubaoner regresó al hogar.

Antes incluso de entrar en la casa, el dueño mandó llamar al intendente del jardín. Necesitaba verlo con sus propios ojos para confirmar que era real. Juntos se dirigieron a la zona de recreo, al final del vergel. El sirviente había localizado unas palmeras cercanas al estanque, a las que era fácil trepar y desde cuyos troncos se podía observar el fondo de la laguna.

—¡Allí, allí! —señaló el jardinero, todavía estupefacto al vislumbrar el enorme tamaño del monstruo.

Las aguas no eran cristalinas, pero si uno sabía qué buscaba, podía distinguir el contorno del cocodrilo del Nilo, camuflado en el fondo, con la presa todavía entre las fauces. Ubaoner sonrió, satisfecho. Como siempre, los dioses confiaban en su siervo y se habían compadecido del infortunio, favoreciendo la venganza ante la ofensa. Ahora precisaba que se impartiera justicia y sólo una persona podía ejercerla, el rey Nebka. La nota que remitió el favorito a su rey fue muy escueta, pero tan intrigante que el soberano no pudo negarse: «¡Venid, majestad! Os lo ruego. Es preciso que contempléis el prodigio que ha sucedido en mi casa durante vuestro reinado».

A las pocas horas, el rey recorría la senda que el jardinero le estaba indicando para llegar a la orilla del estanque. Ubaoner lo aguardaba allí, de pie, enfundado en el vestido ceremonial y flanqueado por la esposa que, por el asombro de su rostro, no era capaz de entender qué estaba ocurriendo ni por qué había sido convocada, precisamente, en aquel lugar. Cuando todos estuvieron presentes, el sacerdote lector permitió que el agua de la laguna le bañara los pies y extendió ambos brazos sobre ella.

—¡Co-co-dri-lo! —gritó, silabeando.

La superficie de la laguna comenzó a agitarse. La guardia que acompañaba al rey se alertó y empuñó las armas. Los demás temblaron.

—¡Cocodrilo! —repitió—. ¡Devuelve al plebeyo!

Tan pronto se dictó la orden, una enorme bestia surgió de la laguna, portando un cuerpo que le colgaba por ambos lados de la boca. El muchacho, que no se movía, pendía como una masa inerte. La esposa de Ubaoner contuvo un grito al reconocer a su amante, y la doncella, que la había acompañado, la sujetó de la mano, a tiempo de evitar que se abalanzara sobre el campesino. La guardia del rey, atónita, se colocó delante del monarca, con las armas preparadas para protegerlo. Pero el rey, valiente, confió en el religioso y pidió a los soldados que se retiraran a un lado para poder contemplar la escena. Era evidente que aquel feroz ejemplar obedecía las órdenes del sacerdote lector. El marido despechado se acercó al cocodrilo. Se arrodilló a su lado y le acarició la cabeza, como si fuera un gatito manso.

—¡Suéltalo! —le ordenó.

El animal abrió entonces las fauces y, con un movimiento de la cabeza, arrojó el bulto de carne a los pies de la mujer. Nada más tocar el suelo, el joven, que no había sufrido ni un solo rasguño, recuperó la movilidad y, colocándose de lado, comenzó a vomitar el agua que había tragado. La amante, asombrada de que todavía respirara, corrió a su lado, bajo la atenta mirada de todos, incluso de la fiera, y le sostuvo la cabeza mientras el joven trataba de recuperar la vida, a bocanadas.

—¡Qué espécimen tan magnífico! —opinó el rey, fascinado.

—No temáis, majestad —le indicó Ubaoner—. Es sólo uno de mis prodigios, una de mis criaturas. En apariencia, cruel. Pero, bajo mi mandato, sumiso.

Entonces, el sacerdote lector se aproximó a su obra y, con un ligero toque en la punta del hocico, lo devolvió a su forma original, tallada y reducida. El rey quiso tocarlo entonces y el sacerdote le acercó la figurilla, mostrándosela ante sus intrigados ojos.

—Es... asombroso —acertó a decir el soberano, mientras, con cautela, acariciaba la cabeza de cera con el índice.

—Os obedecerá, mi señor. Esta criatura es tan vuestra como mía y os responderá con la misma diligencia con la que yo os respeto.

El rey Nebka, complacido, atendió entonces a la explicación de Ubaoner de todo lo que había acontecido en su ausencia: de cómo la mujer había vejado su honra al convertirse en amante de aquel advenedizo. De cómo había esculpido la venganza sobre cera, extraída del estuche de ébano y marfil. De cómo había recitado el conjuro de los pergaminos. De cómo los dioses se habían compadecido del lamento de su corazón y habían atendido la súplica, otorgando vida a aquella figura tallada. De cómo el jardinero la introdujo en el agua y de cómo, durante todo aquel tiempo, el prodigio había dormitado en el fondo de la laguna, durante siete días, el número de la magia. La esposa, que también escuchaba aquellas palabras con atención, no se movió. Siguió tendida sobre la arena, sin atreverse a mirarlos, sujetando la cabeza del joven en el regazo. Lloraba, pero nadie adivinaba si eran lágrimas de tristeza por saberse descubierta o de alegría, por haber recuperado al amado; ni siquiera la propia doncella lograba descifrarlo.

Su majestad meditó en silencio un instante sobre todo lo ocurrido. Luego se acercó a su sacerdote favorito, tomó la estatua del reptil, la colocó en el suelo y, con decisión, le tocó la piel. Al punto, el animal cobró vida.

—¡Cocodrilo! —lo invocó, señalando después hacia el muchacho—. Puedes quedarte aquello que ya es tuyo.

La figura se desperezó y avanzó sobre la pesada barriga, arrastrándose hacia el plebeyo. De una dentellada veloz, arrancó el cuerpo de los brazos de la amada y, esta vez, sí usó la fuerza de su poderosa mandíbula. Se oyó el crujir de los huesos contra los colmillos y el silencio se desgarró con los aullidos del muchacho. La mujer saltó al estanque tras él, asiéndolo de los brazos, pero se le escurrieron al ser tragados por el agua que agitaba el cocodrilo. Entonces ella golpeó la superficie con furia y gritó y corrió a los pies de su esposo para solicitar clemencia. Ubaoner la miró desconcertado y se encontró con el retrato de la desesperación. De rodillas, ella le tiraba de la túnica y le suplicaba que tuviera piedad, que obligara al monstruo a que se lo devolviera. «Lo amaba», se dijo el sacerdote para sí, apesadumbrado. No era un capricho. Su mujer... ¡amaba a aquel vulgar campesino! El rey, que no había dejado de observar al matrimonio, envió a la guardia a separar a la pareja. Arrastraron a la infiel y, lejos de la orilla, la arrojaron a los pies del soberano para que pudiera escuchar la sentencia.

—Conducidla lejos, al norte de mi palacio —decretó el monarca—. Allí la quemaréis y, cuando haya ardido por completo, arrojaréis las cenizas al río. Será olvidada aquí y también en la otra vida.

\*

En este punto final de la narración, Quefrén, tras emular la voz potente del difunto rey, alargó la pausa para comprobar que el público, que había devorado la historia, seguía boquiabierto y fascinado. Algunos de los presentes, en su imaginación, todavía observaban cómo los guardias se llevaban el cuerpo de la esposa, que había aceptado la sentencia como quien desea la muerte. Otros prestaban atención a la mirada de Ubaoner, tratando de descifrar si era compasión o amor lo que le llevaba a despedirla en silencio. El príncipe dio una palmada y el escenario encantado de las palabras desapareció. La guardia, la condenada, el estanque, el cocodrilo... todos se volatizaron con la misma rapidez con la que la arena se disipa en la tormenta. Queops miró complacido al hijo por la locuacidad del relato y algunos de los presentes mostraron el entusiasmo a ritmo de palmas. Satisfechos de la justicia que había ejercido el predecesor y que restauraba la honra del esposo, el monarca dictaminó las ofrendas que debían presentarse en honor del rey Nebka: incienso, cerveza... hasta mil panes y un buey.

El beneplácito de los asistentes recorrió la sala. Algunos de ellos se atrevieron a gritar: «¿Y al maestro lector Ubaoner? ¿Cómo alabaremos su gran habilidad? ¡Magnífico prodigio el que creó con esa figura del Nilo!». En menores cantidades, pero con la misma admiración, se dictaron las ofrendas para él.

—Que arda también el incienso para el sacerdote lector —promulgó el rey, entre las otras dádivas—, porque nunca habíamos sido testigos de un prodigio como el suyo.

Y todo se cumplió tal y como fue dicho.

# El viaje de Unamón

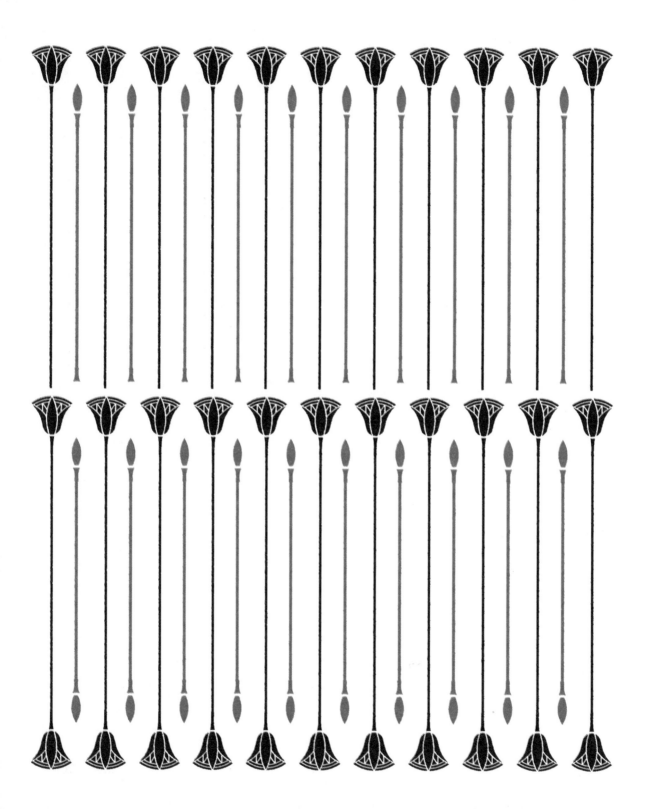

A la salida del templo de Karnak, me descalcé y recorrí la vía procesional bajo la atenta mirada de las efigies; las mismas que por la noche cobraban vida y nos protegían. Las estatuas sabían leer la zozobra de mi interior. Tal vez por ello, sus ojos de carnero me observaban piadosos. La luz de la tarde me envolvía en un aliento cálido, pero no me apaciguaba. A cada paso perdía la fortaleza de mis piernas, y cierta combinación de prudencia y temor ante lo desconocido me sacudía por dentro. Ésa era la inquietud que me generaba el inminente viaje al extranjero; un periplo que me alejaría del templo durante meses. «Deberías sentirte honrado, Unamón», me recriminaba a mí mismo. «Eres uno de los sacerdotes veteranos del portal del templo de Amón-Re. El señor de los tronos de las Dos Tierras ha confiado en ti para llevar a cabo esta misión. ¿A qué le temes?». Observé mis manos que, pese a la inquietud, habían dejado de temblar bajo la protección de las efigies. «Ánimo, confía en ti», parecían decirme. «Recuerda el significado de tu nombre: Viva Amón. El periplo te llevará muy lejos, pero, con tu sacrificio, honrarás a tu señor. Conseguirás nueva madera de cedro para su noble barca. La embellecerás». Era cierto, mi esfuerzo renovaría la proa poderosa, *Userhat,* que regresaría a las aguas del Nilo con su estructura renacida y las cabezas doradas del carnero de Amón presidiendo los extremos. Me detuve un momento y tomé aire, muy hondo. «Sí», continuó mi voz interior. «Tu dios, nuestro dios, será admirado y aclamado por el pueblo que adora al Oculto».

Entonces, para asentar mis fuerzas, escuché en mi corazón la música y los cánticos que la gente entonaba al celebrar la fiesta de Opet. Imaginé a los soldados que, a ambos lados del pasillo, erguidos y poderosos, protegían nuestro camino al río. Los sacerdotes puros, con las cabezas rapadas, desfilábamos entre ellos, portando a hombros la barca sagrada de nuestro dios. Todo Tebas se reunía con nosotros en el templo para participar en el desfile. Era un día de júbilo

y nos arropaban con la música de los sistros, los tambores y el cantar de las voces. Los danzarines nos abrían paso en una algarabía gozosa. En ella se mecía la barca sagrada en dirección al muelle, donde sería remolcada hasta Luxor, a contracorriente. El pueblo estaba henchido, feliz. Su dios abandonaba la oscuridad del *sancta sanctorum* del interior del templo para caminar entre ellos, para ser apreciado, querido y venerado. Ya no dudé y, como si el gran dios, hacedor de todas las cosas, se hubiera sumado a mi espíritu, me crecí por dentro. Gané seguridad y volví a mis aposentos, confiado en el éxito de mi encomienda. Allí registré mi partida: año quinto de la Era del Renacimiento, en el cuarto mes de la estación de Shemu, de la recolección, en su día dieciséis. La fecha en que yo, Unamón, no sólo acepté, sino que emprendí con orgullo mi viaje.

*

Al visitar mi primer destino, al este del Nilo, las sombras de los templos, incluido el de Amón, y las grandes construcciones de Tanis me dejaron sin habla. A pesar de encontrarme en el norte, me sentía como en casa, pues nuestro dios lo era de cada rincón del territorio. La ciudad amurallada, próxima al lago salobre Manzala, hervía frenética por el trajinar de los comerciantes. Era aquél un recinto avivado y espléndido, como la generosidad del administrador del Bajo Egipto, Esmendes. En aquel entonces, nuestro rey y señor había confiado en dos de sus súbditos para gestionar la administración. En el sur, el visir Herihor, a quien yo debía obediencia como sumo sacerdote de Amón en Karnak, respondía del Alto Egipto, mientras que su homólogo gobernaba las regiones de la zona norte. Las cartas que Herihor enviaba conmigo recogían la voluntad directa de propio Amón y se leyeron en voz alta, ante la presencia de Esmendes y de su esposa, Tentamón. Ambos escuchaban con mucha atención, pero ella, además, avivaba la dulzura de su mirada conforme comprendía que sólo las más ricas maderas del Líbano podían servir a la navegación de nuestra deidad.

—Necesaria y bella es tu misión, Unamón —proclamó Tentamón al terminar la lectura, mientras acariciaba, confiada, la mano del esposo—. Contad con nosotros para que se haga realidad.

Bajé la cabeza, en señal de agradecimiento mientras, para ratificar el deseo de ambos anfitriones, Esmendes se puso en pie frente a mí.

—¡Lo haré! —proclamó, casi a la vez que su mujer lo pronunciaba también en voz alta.

Luego se llevó la mano sobre el corazón, arropando la decisión.

—Lo cumpliremos según la palabra de Amón, rey de los dioses y señor nuestro.

*

De este modo, la ciudad de Tanis me acogió durante el término de la estación del calor, mientras se preparaba el navío y se embarcaban los bienes que el gobernador había dispuesto para financiar la aventura. Magníficas vasijas y sacos, repletos de oro y de plata, eran acunados y sostenidos por la fuerza de los marineros que el capitán Mengebet coordinaba desde el navío. Cuando todo estuvo listo, partimos al mar de Siria. Me sorprendió la intensidad de los tonos azules de las aguas profundas y el poder de unas olas que, asilvestradas, conformaban la cara opuesta de la calma del Nilo. Me costó acostumbrarme a su vaivén agreste, pero la experiencia de la tripulación nos condujo sanos y salvos y así alcanzamos la orilla cananea de Dor. La ciudad costera era regida por los intrépidos cheker, estirpe de grandes marineros. Beder, su gobernador, un hombre orondo y de barba espesa, que representaba al rey de Tiro, se mostró magnánimo nada más conocer mi presencia en el puerto. Una comitiva respondió a su orden y nos trajo un presente de cincuenta panes, una vasija de vino y una pierna de buey.

Intensa fue nuestra noche, cuando, tan bien servidos, caímos en un sueño profundo. Pero ¡ay!, cuánto tuvimos que lamentar la somnolencia porque, protegido por la oscuridad de la luna nueva, una sombra perversa maniobró a su antojo por el barco y, para cuando amaneció, nos había robado.

—Una vasija de oro —me informó el capitán, enfurecido.

—¿De qué va-va-lor? —tartamudeé incrédulo.

—De cinco deben.

Suspiré. Cada deben equivaldría al peso de una granada jugosa, ¡una granada de oro!

—No ha sido lo único sustraído —prosiguió el oficial—. Faltan cuatro vasijas más.

—¿No serán de plata? —insinué, sabiendo lo precioso que era el metal, superior al oro.

—De plata, mi señor, sí. Unos veinte deben.

Uno de los marineros más jóvenes levantó la voz para añadir una pérdida mayor.

—¡Y un saco de plata también! ¡De unos once deben!

—Cinco deben de oro y unos treinta de plata —murmuré, calculando el total de las pérdidas.

Mi sorpresa dio paso a la indignación.

—Pero... ¿quién...? —cuestioné en voz alta—. ¿Quién se ha atrevido a robar la ofrenda destinada a un dios?

Mengebet enmudeció al verme increpar con mi brazo en alto. Se sentía culpable de no haber vigilado la mercancía como debía. El mozo imberbe interrumpió el silencio para señalar al culpable.

—Fue uno de los nuestros, señor —admitió el joven—. Desde primera hora de esta mañana no estamos todos, capitán. Falta un tripulante. No lo encontramos, ni en el navío ni en el puerto.

—¿Cómo? —acertó a responder el oficial.

Poco me importaba conocer el nombre del ladrón si ese detalle no suponía recuperar lo perdido. Tomé aire y pensé en la débil posición en que nos dejaba. Sin aquellas dádivas, no me sería posible negociar la obtención de madera en Biblos. ¿Cómo podría reponer tal fortuna si no se detenía a quien había decidido satisfacer su propia sed de riqueza?

«Piensa, Unamón, piensa», me dije. «¿Cómo actuaría el gran Herihor en mi lugar?». Tardé un poco, pero di con la solución.

—Está bien —dije resuelto, creyéndome bajo la inspiración del sumo sacerdote—. Iremos a ver al gobernador. Hemos sido robados en su tierra. Es obligación suya responder en nombre de sus súbditos y atrapar al culpable o compensarnos si no por la pérdida.

*

Beder no se negó a recibirnos en audiencia. Sorprendido ante mi discurso, la máxima autoridad de Dor abrió tanto los ojos que la expresión de su cara se me antojó la de un búho. Una rapaz que atendía cauta mis palabras, mientras no dejaba de mesarse la barba, entre consternado e incrédulo.

—Nos han sustraído estando varados en tu puerto, Beder —me atreví a acusar—. Como gobernador de esta tierra, nos debes justicia. Manda buscar nuestro dinero, pues pertenece a Amón-Re, el rey de los dioses, señor de las Dos Tierras.

El búho me siguió observando, sin apenas inmutarse. Dado que ellos rendían culto a sus propias deidades, decidí virar el discurso hacia el respeto que debían manifestarse entre gobernantes.

—A Esmendes pertenecía el tesoro —reprendí—. Y a Herihor, mi señor —añadí para impresionarle—. ¡Y a otros grandes de Egipto! —mentí—. Y sería tuyo, Beder —me atreví a señalarle con un dedo—, tuyo y de Uaret, de Mekmer y de Chekerbaal si no se me hubiera robado, pues sois vosotros los señores de las tierras que he de atravesar y a quienes debía agasajar hasta cumplir mi misión en Biblos.

Al terminar mi discurso, Beder me seguía observando con la misma expresión atontada. Quizá, por ello, lo primero que consiguió articular fue una carcajada que resonó en el amplio salón, dejándome desconcertado.

—Unamón, Unamón... —repitió como quien se dirige a un niño pequeño—, no sé si creerte un necio o demasiado astuto.

Ladeé la cabeza, sin ser capaz de comprender.

—Tú mismo lo aseveras —señaló, indulgente, para explicarse—. Si el ladrón fuera uno de mis súbditos, debería reponer tu pérdida y mandar apresarlo. Pero quien te robó, según me informaron desde el puerto, era un miembro de tu misma tripulación. No un súbdito de las tierras de Tiro, sino uno de los vuestros... ¡un marinero tuyo!

Se volvió a carcajear tan a gusto que tuvo que sujetarse la inmensa panza. Todos en la sala se contagiaron de la risa menos yo, que, desmotivado, entrelacé los dedos y dejé caer ambas manos sobre el regazo, incapaz de añadir nada más. Quizá se apenó de mí, porque, a una señal, recuperó el silencio de la estancia y me dijo, conservando la mueca:

—Está bien, está bien... Quédate aquí conmigo durante unas jornadas y me encargaré de que tu bandido sea atrapado.

*

El sol se puso hasta en nueve ocasiones sin que se tuviera noticia alguna ni del ladrón ni del botín, así que volví a pedir audiencia al gobernador. La antigua risa se había transformado en aburrida indiferencia.

—Deja que me vaya, Beder, que prosiga mi camino. No has encontrado mi dinero ni creo que lo logres. —Callé la verdad. Estaba convencido de que ni tan siquiera se había intentado; se mofaban de mí—. Son varios tus capitanes que, todos los días, parten a la mar. Permíteme que embarque con alguno de ellos y continúe mi camino a Biblos.

Levantó una mano desde el brazo del sillón en señal de consentimiento. Mi presencia ya no le divertía, así que, al despuntar el alba, me permitió zarpar en uno de sus veleros y dejé el territorio cheker tras de mí. Para mi sorpresa, yo, que había orado a nuestra máxima deidad para encontrar una solución, hallé la respuesta en el mismo barco. En el interior, varios sacos albergaban suficiente plata como para reponer mi propia pérdida. Reflexioné sobre ello: ¿no podría considerarse justicia divina que tomara la misma cantidad que me había sido sustraída?

—Vosotros no me robasteis —expliqué a los marineros que me habían conducido a Biblos—. Pero tampoco me ayudasteis a recuperarlo. Así que podéis hacer saber a vuestro gobernador que no he tomado más que los treinta deben de plata y que me los quedaré hasta que seáis capaces de reponerme lo desaparecido.

Ninguno de los audaces marinos de Beder se atrevió a detenerme. Y más porque portaba conmigo la réplica ambulante de Amón-del-camino. Sujetando la figura de la deidad, y bajo la atónita mirada de los cheker, descendí a la ensenada de Biblos con la cabeza erguida y el dinero que yo mismo les acababa de sustraer. Sin atreverme a entrar en la ciudad, me quedé en el puerto, en tierra de nadie. Allí planté una tienda que dio cobijo a mi dios y, en el interior de la estatuilla, oculté la plata retenida.

Pronto la noticia llegó a oídos de Chekerbaal, el gobernador de Biblos, quien no deseaba ningún enfrentamiento con los hombres de Dor, así que uno de sus emisarios me llamó a gritos desde fuera de la tienda, para entregarme una sencilla nota: «Márchate de mi puerto». Pedí al mensajero que aguardara y le ofrecí mi contestación: «¿A dónde puedo ir si carezco de un barco que me transporte? Si lo deseas, haz que me lleven de regreso a Egipto».

Al día siguiente recibí la misma respuesta: «Márchate de mi puerto». Y al otro, «Márchate de mi puerto». Y otra jornada más, «Márchate de mi puerto». Así sumé un total de veintinueve notas, todas idénticas: escuetas, amenazantes y... fútiles porque, fiel a mi misión, no me moví. Cada mañana, tarde y noche me postraba ante la efigie de mi creador. Confiaba en que su sabiduría resolvería mi estancamiento. Y así fue.

*

El visir de la ciudad fenicia había acudido a presentar las ofrendas a su propio dios cuando uno de los muchachos que le acompañaba entró en trance. Se quedó detenido frente al altar, rígido, con la cabeza echada hacia atrás, los ojos abiertos, pero la vista perdida, ausente. Cuando los compañeros se le acercaron, Chekerbaal los paró.

—Deteneos, no lo toquéis.

El joven comenzó a temblar, de arriba abajo, como si le sacudiera una fuerza invisible. De pronto, se quedó petrificado y de su interior emergió una voz, grave y ronca, que no encajaba con su aniñado cuerpo y que captó la atención de los presentes.

—Manda venir a aquel que transporta al dios consigo —ordenó el muchacho, rasgando su garganta—. Es Amón quien lo trajo a tu tierra y a él debe su misión.

Aquella misma noche, yo había conseguido, por fin, encontrar un barco que se dirigía a Egipto y que estaba dispuesto a llevarme. Aguardaba a que la oscuridad pudiera proteger a mi dios de miradas extrañas, cuando el supervisor del puerto acudió corriendo a detenerme.

—No partas, Unamón. El gobernador te lo pide.

Yo desconfié del enviado. Era la misma persona que, día tras día, me recordaba el deseo de que me fuera.

—Mmmm —murmuré inquieto—. ¿No querrás que deje perder este barco, que me devolverá a mi tierra, para regresar mañana con otro mensaje de «márchate»?

Asustado como estaba por el trance de su sirviente, Chekerbaal escribió al capitán del barco. No quería que yo partiese: «Unamón, aguarda hasta mañana. No zarpes. Es el gobernador quien te lo pide», señalaba su nota, invitándome a reunirnos. Cuando amaneció, dejé la talla de mi señor en la tienda y acudí al recinto oficial. Nada más entrar, me impresionó la figura de Chekerbaal que, de espaldas a la ventana, parecía vestirse con el oleaje del mar de Siria que, enfurecido, se agitaba detrás de él. Le saludé por Amón, pero el silencio fue su respuesta. El gobernador quería ratificar que yo era alguien inferior a él. Y así era, siendo yo un humilde sacerdote.

—¿Cuántos días han transcurrido desde tu llegada?

—Hoy se cumplen ya cinco meses —le expliqué.

El gobernador me observó con cierto enojo. Se mostraba inquieto por la escena sobrenatural que había presenciado en el trance del joven, pero, al mismo tiempo, necesitaba aferrarse a argumentos tangibles que le ayudaran a tomar una decisión cabal.

—¿Dónde están los documentos de Amón que ratifican tu misión? Muéstrame la carta del sumo sacerdote que explica tu encomienda.

Yo agaché la cabeza, compungido.

—Se los entregué a Esmendes y a Tentamón, para que fueran leídos en voz alta.

Chekerbaal cerró los puños de pura rabia, incrédulo de mi falta de suspicacia por no haberlos atesorado conmigo. Sin una orden superior, sin un documento que acreditara mi misión, el gobernador sólo tenía la palabra de alguien menor como yo. O sea, nada.

—¿Y dónde está el barco que te ofreció Esmendes? —me interpeló rápido, sin dejarme responder—. ¿Y los marineros? ¿No será que el señor del Bajo Egipto te entregó a manos sirias con la intención de matarte y arrojarte al mar?

—¡Es un barco egipcio! —rechacé molesto aquella insinuación—. Si un navío depende de la administración de Esmendes, está bajo el poder de Egipto. Y eso convierte a su tripulación en egipcia.

El gobernador de Biblos dudaba.

—En el puerto descansan más de veinte navíos que comercian con Esmendes —matizó—, y en el camino que ya has recorrido, otros cincuenta barcos podrían haberte devuelto a tu tierra.

Ante aquella revelación, no supe qué contestar. Malhumorado y agitando la mano frente a su cara, como si quisiera espantar un tábano que está a punto de picar, me preguntó:

—¿A qué has venido, Unamón?

—Estoy aquí en busca de repuestos para la noble barca de Amón-Re, rey de los dioses.

Al escuchar la mención a la deidad, como en el suceso prodigioso, el gobernador experimentó un escalofrío. Yo insistí.

—Te pido que actúes como tus antepasados. Que sigas su ejemplo y obres igual.

—Mis predecesores así lo cumplieron, sacerdote. Pero... ¡obrando en trueque! El faraón trajo consigo seis barcos repletos de productos egipcios. ¿Y tú? —me miró con cierto desprecio, al observar el sucio aspecto de mi ropa y mis manos vacías—. ¿Tú qué me has traído para que deba cederte yo mi madera? Aguarda, no me respondas.

Con una señal, se le aproximó uno de los sirvientes, quien le trajo los registros de los ancestros, y le pidió que las aportaciones egipcias fueran leídas en voz alta. «Mil deben de plata y una larguísima lista de riquezas». Tragué saliva. Yo no era poseedor de un encargo real ni propietario de tal fortuna.

—Yo no soy tu siervo —me reprendió el gobernador—. Ni tampoco respondo ante quien te envía. Soy el señor del Líbano. Cuando la tierra escucha mi voz, se me obedece. El cedro, si yo lo ordeno, te esperaría ahora mismo en la orilla del mar. Pero... —cuestionó mi ineficiencia—, ¿dónde están las velas que trajiste para que los barcos lleguen con tu cargamento a Egipto? Muéstrame las sogas con que atarás las maderas a los navíos. ¿Dónde están? El material es pesado, egipcio, y si no se traba bien, se romperán las ligaduras y las mismas piezas te arrastrarán al fondo del mar. Morirás, Unamón —me amenazó—. ¿Qué viaje tan descabellado te han encomendado sin preparación?

Por respeto, callé durante su discurso, pero ante el calificativo de locura, no pude refrenar mi lengua.

—¡Engañosa es tu forma de expresarte, Chekerbaal! No es absurdo mi viaje —contesté, alzando la voz—. No hay embarcación del río que no sea de Amón. El mar le pertenece y suyo es también el Líbano que tú proclamas tuyo. Es territorio de *Userhat*, la señora de todas las barcas. Fue Amón, rey de los dioses, quien le dijo a Herihor que me enviara, acompañado de este gran dios que tú —le señalé con el dedo acusador— has retenido atracado en tu puerto casi un mes. ¿Es que acaso nadie te informó de que nuestra deidad se encontraba aquí? ¿O vas tú a empezar a reclamar el Líbano al mismísimo Amón, su dueño?

Otro escalofrío sacudió al gobernador. Yo continué, vehemente.

—Es cierto que yo no te traigo oro ni plata, pero Amón es el señor de la vida y de la salud. ¿Acaso existe riqueza mayor? Si le das tu «sí» a Amón, Chekerbaal, prosperarás en salud, serás un gobernante magnífico para tu tierra y tu gente.

El aludido se dio la vuelta y perdió la vista en el oleaje de la ventana, sopesando la grandeza de una vida protegida por los dioses.

—No desees para ti algo que es de Amón —proseguí—, porque el león reclama lo que le pertenece. Pero, atiéndeme, haz que nos traigan un escriba y enviaré un mensaje a Esmendes y a Tentamón. Desde el norte de la tierra de Amón te brindarán espléndidos bienes. Y les diré: «Sed generosos y ordenad que sean traídos, que yo, cuando regrese al sur, solicitaré que todos los gastos os sean resarcidos».

Satisfecho, el gobernante de Biblos se giró hacia mí y, con media sonrisa, asintió.

*

Siete piezas de madera partieron rumbo a Tanis junto a un comisionado de Chekerbaal. La muestra de buena voluntad incluía la quilla, la proa, la popa y otras cuatro partes más, todas de precioso cedro. La estación de la siembra, Peret, ya había comenzado cuando el representante volvió a Siria desde Egipto. Como yo había solicitado a Esmendes en la misiva, el emisario no regresó con las manos vacías, sino que ofreció al gobernador de Biblos cuatro jarras y una vasija de oro, así como cinco jarras de plata. A ellas se sumaron ricas vestiduras de lino y gasa, alfombras, sogas y, entre las delicias comestibles, carne de vacuno, lentejas y grandes cestos de pescado. Yo vi desfilar todas aquellas riquezas bajo el orgullo de sentirme egipcio. Tentamón, mi señora, se apiadó también de mí y dio orden de que se me entregara ropa nueva y, en proporción a la ofrenda de mi anfitrión, me reservó lentejas y pescado. Oré por ella, agradecido.

Tan pronto recibió el trueque, Chekerbaal convocó a trescientos hombres que, acompañados de sendos bueyes y los oficiales que debían dirigir la tala, se adentraron en los bosques del Líbano y allí permanecieron durante el resto de la estación. Hasta el tercer mes de la recolección, Shemu, la madera talada no alcanzó, por fin, la orilla del mar. Entonces, el gobernador de Biblos me mandó llamar a su lado para que atestiguara que la promesa se había cumplido. Al acercarme a él, la sombra de un parasol que lo protegía me cubrió a mí también y uno de los mayordomos, Penamón, de origen egipcio, lo interpretó como una señal de nuestra fe y gritó:

—¡Oh, el faraón te cubre con su sombra, Unamón!

Yo me sonreí ante tal ocurrencia en tierra siria, y a Chekerbaal no le debió agradar la comparación porque contestó malhumorado:

—¡No le hables!

Avergonzado, Penamón se quedó mirando al suelo. Su señor recuperó el discurso que tenía en mente.

—La última pieza de madera que te faltaba ha llegado por fin. He cumplido lo mismo que mis antepasados, aunque tú —se detuvo y me miró directo a los ojos para recriminarme—, tú no has respondido en la misma proporción de los tuyos. Aun así, el pedido ya está preparado y en menos tiempo que el aguardado por los comisionados de Jaemuaset.

¡Jaemuaset! Conocía bien esa historia, me atemorizaba. Diecisiete años vivieron en aquella tierra los antiguos enviados de Egipto, esperando ultimar su misión; tanto tiempo que nunca regresaron, sino que murieron en aquel lugar sin siquiera acariciar el éxito.

—Penamón —indicó Chekerbaal al mayordomo, intensificando la anécdota—, acompaña a nuestro invitado a las tumbas de sus predecesores.

Yo rehusé con la cabeza y, consciente de la gloria que deseaba alcanzar mi anfitrión, sugerí:

—Mejor sería, gobernador, que, en lugar de arrastrarme al pasado, mandaras tallar una inscripción con la que te glorificaran. Una que dijera —aquí enfaticé mi voz con un tono solemne—: «Amón-Re, rey de los dioses, me envió a su representante humano, Unamón, para conseguir la madera de la noble barca de Amón. Yo, Chekerbaal, di orden de que fuera talada y cedí mis navíos y mis marineros para que se enviara a Egipto y que, de ese modo, Amón sumara cincuenta años más a mi existencia en esta tierra».

Como sospechaba, al gobernador le agradó la idea de prolongar su vida y el pecho se le hinchó como el de un pavo.

—Así —continué—, cuando cualquier egipcio que sepa leer tu lengua se encuentre frente a la inscripción y reconozca tu nombre en la estela, te honrará como ofrendamos a nuestros mismos dioses.

—Qué bellas palabras has pronunciado, Unamón —aplaudió el gobernador, alabando mi ingenio al encontrar una salida.

—Del mismo modo —concluí, un tanto ruborizado—, cuando llegue ante Herihor, el sumo sacerdote de Amón, y le relate tus contribuciones, él mismo te devolverá el favor en ganancias para ti.

\*

Tras la conversación, caminaba satisfecho hasta la orilla del mar para observar las maderas que me aguardaban cuando mi fortuna cambió por completo. A lo lejos avisté once naves cheker que, sin duda, venían con un solo deseo: ¡detenerme! Me acusarían de ladrón y no dejarían que el barco, ya cargado, regresara a Egipto. Caí de rodillas sobre la arena y, desesperado, empecé a llorar. No quería quedarme allí, como los hombres de Jaemuaset.

—¿Qué te entristece, Unamón? ¿Qué te pasa? —me preguntó el escriba que me acompañaba al verme tan compungido.

Un grupo de aves nos sobrevolaban y las imaginé migrando.

—¿Ves a los pájaros volando hacia el norte? —le señalé—. ¿Y yo? ¿Por qué no puedo volver? Fíjate en las naves del fondo. ¿Las ves? Son navíos enemigos que vienen a apresarme. Jamás me dejarán regresar.

El escriba corrió a contarle al gobernador el conflicto que se avecinaba, y Chekerbaal, que creía haber zanjado aquella misión, se entristeció también. Para consolarme, me devolvió al asistente con un borrego y dos jarras repletas de vino. Y, con ellos, a una bella mujer tebana, llamada Tenetniut, que me cantó toda la noche en nuestra bella lengua. «Descansa, Unamón. No te preocupes», me pedía mi anfitrión en una nota. Mañana lo solucionaremos.

Al día siguiente, los cheker también fueron convocados en asamblea. Se sabían marineros aguerridos y exaltados que uno no deseaba tener como enemigo, así que la autoridad de Biblos quería encontrar una solución que le exculpara.

—¿Cuál es el objeto de vuestro viaje? —fingió no saber Chekerbaal.

—Venimos a abordar el barco que tú devuelvas a Egipto. Sabemos que llevará a nuestro rival. Aquel que se quedó nuestra plata.

—El representante de Amón no puede ser obligado a quedarse en mi tierra —aseveró el gobernador—. Dejadme, pues, que le permita partir y, cuando su barco se encuentre en alta mar, podréis marchar contra él para prenderlo. Ya no será responsabilidad mía.

\*

El navío me esperaba en el puerto. Allí, el gobernador se despidió de mí. Su rostro estaba compungido, pero su corazón, aliviado con mi partida. Desde la proa, el comandante y yo examinamos la flota de los rivales que, como una oscura línea en el horizonte, esperaban pacientes, como una araña, para darnos caza.

—Ora porque las brisas nos favorezcan, Unamón —me rogó el capitán.

Amón-del-camino atendió mis plegarias y los vientos soplaron tan feroces sobre el velamen que las olas nos distanciaron y dejamos atrás a nuestros perseguidores. Así alcanzamos la costa de la isla de Alasiya. Pero, nada más desembarcar en aquella tierra, la gente del poblado me rodeó con la intención de matarme. Con decisión, me abrí camino entre ellos. No había pasado tanto tiempo en el extranjero como para perecer en tierra extraña; si debía cruzar al otro mundo, sería en Tebas y con la madera solicitada. A empujones, busqué a la gobernadora de la isla. Hatiba era una mujer a la que precedía su fama de justa. La encontré saliendo de un edificio y corrí hacia ella. La saludé, pero no me contestó; desconocía mi lengua.

—¿Alguien entre vosotros entiende el egipcio? —grité, desesperado.

—¡Yo! —afirmó uno de ellos.

—Dile a tu señora que, desde las tierras donde reside Amón, hemos oído que, si una injusticia es cometida, siempre se resuelve en Alasiya. No dejaréis que el mal venza en esta tierra, ¿no?

La autoridad de mi voz llamó la atención de la gobernadora.

—¿Qué dice? —solicitó al traductor, y éste repitió mi discurso en su lengua.

—Ha sido el mar y el viento soplado por el mismo Amón quienes me han traído a tu orilla —continué despacio—. No permitirás, Hatiba, que tus gentes acaben con nosotros, ¿verdad?

Intercedí por la vida de quienes me acompañaban desde Biblos. Ellos no eran responsables de mi desdicha. La gobernadora comprendió la súplica de mis ojos y la respetó. El improvisado traductor me anunció que se convocaba una asamblea, al día siguiente, para resolver mi periplo. «¿Sería cierto?», soñé. «¿Podría la justicia devolverme al templo en Karnak?». Confié en su sabiduría y respiré con calma.

—Pasa la noche aquí, Unamón —me invitó Hatiba con una voz envolvente—. Duerme. Mañana hablaremos.

Y yo la obedecí.

Esa noche soñé que estaba en Egipto. Caminaba descalzo por la vía procesional del templo. Resonaban los tambores y los sistros anunciaban que, pronto, la nueva barca de Amón desfilaría hacia el río. Las efigies me miraban complacidas. Ya no temían por mí. «Descansa, Unamón», me susurraban. «Ya estás en casa».

Una historia de venganzas

# LOS DOS
# HERMANOS

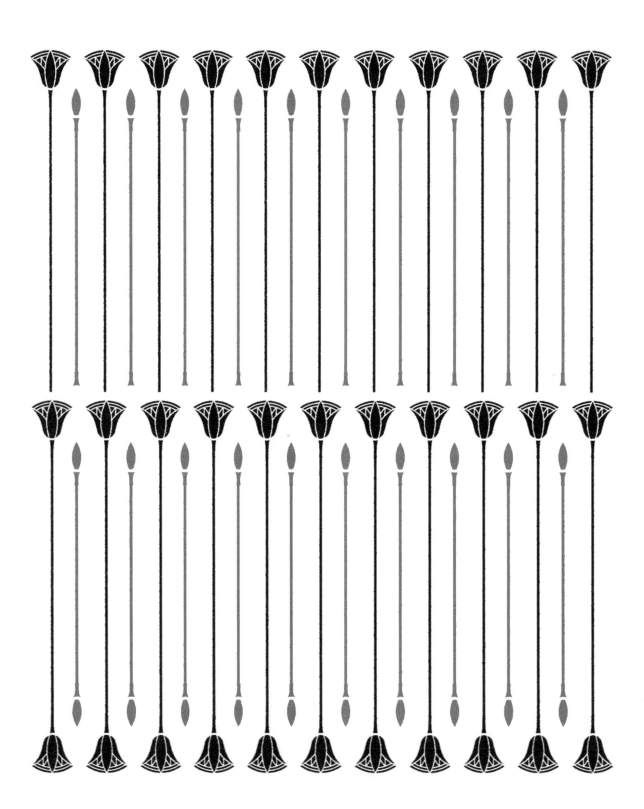

Cada día, antes de salir el sol, el joven Bata atendía las labores de la granja de Inpu, su hermano mayor. Dejaba listo el ganado y preparaba el desayuno para agradecer que, tanto él como su esposa, le cuidaran como si fuera un hijo propio. No había jornada en la que el muchacho no arase la tierra, recolectara la cosecha, zurciera la ropa, ordeñara las vacas, talase la leña o recogiera paja para que todos pudieran dormir más cómodos. Los dos hermanos se amaban y el pequeño era feliz al ayudar en todo lo que fuera posible. Cuando anochecía, los tres cenaban juntos, pero, nada más terminar, Bata dejaba intimidad a la pareja y se retiraba al establo, donde dormía cerca de los animales. Con ellos poseía un vínculo especial y, en cuanto se alejaban de la granja, le hablaban.

—Bata, hoy deberías llevarnos a la pradera —se atrevían a pedirle.

—¿La del norte?

Las reses asentían, complacidas.

—La hierba de allí es alta —mugían—. Alta y tierna.

El joven seguía la recomendación de los animales y, bajo sus esmerados cuidados, el ganado engordaba y se multiplicaban las crías. Aunque desconocía ese don tan especial de su hermano, el primogénito observaba las cualidades del menor con mucho cariño y orgullo. Lo veía crecer, camino de convertirse en un campesino eficiente y, a la vez, hermoso. Bata poseía una belleza singular, casi más propia de los dioses que de los hombres, e Inpu, lejos de envidiarlo, lo adoraba.

—Elige una pareja de bueyes fuertes, Bata —le ordenó su hermano cuando llegó la estación de Peret—. El Nilo ya ha descendido y es el momento de iniciar la siembra. Mañana acudiremos juntos.

Aquella noche, el muchacho dobló la ración de pienso de los animales, calculó cuántas semillas precisarían para cultivar el campo y dejó todo perfectamente preparado. Se acostó satisfecho. Le encantaban aquellos días de labranza en que los dos hermanos compartían la misma tarea.

El día despertó nítido y les regaló una temperatura agradable; así agilizaron la tarea y les resultó más llevadera. Bata, que conducía los toros mansos, no precisaba de la vara. Los guiaba con la voz y, obedientes, los bueyes tiraban del azadón, volteando el limo negro sin demasiado esfuerzo. Detrás de ellos, Inpu, meticuloso, esparcía las semillas. Avanzaron tan compenetrados durante toda la mañana que, a primera hora de la tarde, se les había agotado la simiente y el mayor pidió a su hermano que regresara a la granja a por más. El joven encontró a la cuñada fuera de la casa, protegida bajo la sombra de un enorme árbol, acicalándose.

—Mujer, tráeme más semillas —solicitó—. Tu esposo y yo debemos seguir cultivando, ahora que la luz todavía nos acompaña.

Ella dejó resbalar el peine por el cabello, sin mirarlo.

—Ve tú —contestó, aburrida—. ¿Acaso crees que debo atender tus tareas?

Bata no comprendió el reproche, cuando él siempre se encargaba de todo en la granja; pero, resignado, se encaminó al granero. Ella sonrió satisfecha, como si hubiera vencido una batalla que Bata no sabía que existía. Al poco, el hermano pequeño salió, cargando las semillas en un pesado recipiente que apoyaba sobre un hombro. Quizá fuera el sol que se reflejaba en su piel o el aire que, travieso, le agitaba el cabello, pero, de pronto, la cuñada, al observarlo, dejó de verlo como a un niño y se dio cuenta de lo atractivo que era. Más alto y fornido que su esposo, más apuesto que cualquier hombre de la región. De un salto, la mujer se puso en pie, arrojó el peine al suelo y lo alcanzó en su caminar.

—¿Cuántas semillas llevas ahí, Bata? —preguntó al observar cómo el cuerpo musculoso se tensaba bajo el peso.

—Tres medidas de cebada y... dos más de farro —aclaró el muchacho, sin comprender el interés.

Ella se mordisqueó el labio con deseo y jugó a adivinar las formas que se ocultaban bajo el humilde *shendyit* que ceñía la cintura del cuñado, a modo de falda. De pronto, ansió acariciar aquellos pectorales que lucía al descubierto. Se imaginó arañándole la espalda, sintiendo el calor de su boca sobre sus pechos y el dulce movimiento de las caderas al yacer juntos.

—Aguarda —dijo ella, tomándole del brazo—. No tengas prisa, Bata.

Sin soltarlo, la mujer ladeó la cabeza y, por primera vez en su vida, lo miró seductora.

—Nunca me había fijado en tu fortaleza —insistió ella, trazando un surco con el dedo sobre la piel, recorriéndole el bíceps.

Él le sostuvo la mirada sin comprender qué ocurría. Ella se llevó el mismo dedo a la boca y lo hizo descender por su cuello hasta la altura del pecho, donde, apartando la tela, dejó al descubierto un seno turgente y rosáceo.

—Ven, Bata, yace conmigo —se descaró, mientras se colocaba tan cerca que el joven cuñado podía sentir la respiración agitada de la mujer.

Ella serpenteó el dedo hacia la entrepierna del muchacho, pero éste, al darse cuenta, le detuvo la mano con fuerza y dio un paso atrás.

—Aparta, mujer. ¿Qué haces? Me has cuidado como una madre y mi hermano es tu marido. ¿Qué pretendes?

—Entra conmigo en la casa. No te faltarán mis atenciones y tejeré para ti las más bellas ropas.

Él negó rotundo con la cabeza.

—Inpu no tiene por qué enterarse. Yo no le diré nada —continuó, sibilina, pensando que el cariño fraternal lo detenía—. No te preocupes, Bata. Será nuestro secreto. Tuyo y mío. ¡Ven a mi lecho!

—No —gritó él, tajante—. Jamás me lo vuelvas a pedir. Guarda silencio y a nadie le contaré lo que acaba de ocurrir.

Todavía desconcertado ante la proposición, Bata se adelantó, acelerando el paso, como quien esquiva un áspid que le acaba de sorprender en el camino. Ella, despreciada, trató de alcanzarlo, pero como él avanzaba sin tregua, se detuvo.

—¿Cómo te atreves a despreciarme? —gritó mientras él se alejaba—. ¡Vuelve, Bata! ¡A ti te hablo! —La pasión se le atravesó a la mujer en la garganta, convertida de golpe en un odio visceral—. Te arrepentirás —gritó mientras se tapaba el pecho, ofuscada—. ¿Me oyes? ¡Te arrepentirás!

*

Bata regresó a la labranza en silencio. Entregó a su hermano la nueva simiente y nada dijo de lo que acababa de ocurrir. Le parecía un mal sueño que no comprendía. Para olvidarlo, se entregó al arado con tal brío que, cuando la penumbra alcanzó a los dos hermanos, habían logrado sembrar mucho más de lo previsto. Agotado, Inpu decidió regresar primero y ordenó al pequeño que recogiera los utensilios y reuniera el ganado que todavía pastaba. Al alcanzar la granja, el mayor sospechó que algo había ocurrido. La esposa no le aguardaba en la entrada, como siempre hacía, con aquella vasija que le ofrecía para lavarse las manos. No, no estaba. Tampoco había señal de la lucerna con la que, caída la noche, se iluminaba la casa. A tientas, Inpu se adentró en la oscuridad del hogar y prendió la lumbre. Entonces, escuchó los lamentos de la mujer que lo llamaban desde el lecho. Desconsolada, lloraba y se retorcía, sacudiendo el cuerpo en enérgicos vómitos. El esposo la abrazó para tratar de consolarla, sin entender el disgusto que había provocado tal efecto.

—Pero... ¿qué ha ocurrido, mujer? ¿Con quién has estado?

—Con nadie... —susurró ella, imitando la escena que había estado ensayando durante toda la tarde—. Con nadie más que con tu hermano...

—¿Mi hermano?

En la penumbra, se sonrió maliciosa. Había valido la pena tragarse aquel aceite asqueroso para provocar los vómitos y haberse untado la cara con grasa, fingiendo unos golpes que Bata jamás se habría atrevido a darle.

—Cuando vino esta tarde —explicó entre falsos sollozos—, al verme sentada sola bajo el árbol, me deseó y... ¡Oh, Inpu! ¡Tu hermano me propuso que yaciéramos juntos! ¿Imaginas mi sorpresa?

El marido se llevó las manos a la cabeza. Ella, sabiéndolo presa de la mentira, continuó, entre falsos sollozos.

—Le expliqué que yo siempre me he comportado como una madre para él. Y tú, como un auténtico padre —añadió, hiriéndole—. Pero él, como respuesta, me golpeó. Y no contento con una vez, lo repitió varias. ¡Me zarandeó para que me callara!

Inpu, horrorizado, se puso en pie y se tapó la boca.

—Si no actúas contra él —lo amenazó ella—, me quitaré la vida. No puedo vivir con esta vergüenza. ¿Me escuchas, Inpu?

Él, bajo el peso de aquellas terribles acusaciones que le rompían el alma, cayó de rodillas, demolido.

—¿Qué puedo hacer? —se dijo para sí.

—Cuando regrese, no le preguntes nada y... ¡Mátalo! ¡Mátalo, Inpu! Maldigo el día en que lo acogimos y maldigo lo que trató de obligarme a hacer.

*

Sin sospechar lo que le aguardaba, Bata se encaminó a la granja, tras recoger el ganado en la pradera. Apenas le faltaban unos codos para alcanzar la casa cuando una de las reses se detuvo.

—¡Bata! ¡Bata! —exclamó, asustada—. No entres en el establo. Inpu está tras la puerta. Lleva una lanza en la mano y está dispuesto a acabar contigo.

El muchacho no podía creer la advertencia, pero, al fijarse, observó unos pies que sobresalían por debajo de la puerta. Lo que para Inpu, desde detrás de la madera, sonó como mugidos alterados, para Bata fueron órdenes.

—Vete, Bata. ¡Escapa, amigo! —le gritaban las reses—. ¡Huye!

Soltando la carga, el menor se dio la vuelta y empezó a correr tan deprisa como le permitían las piernas, ya cansadas. Al comprender que escapaba, Inpu salió a perseguirlo con la lanza en alto.

—¡Detente! ¡Detente! —ordenaba el mayor, pero el joven, aun agotado de las labores del día, se esforzaba por mantener la distancia entre ambos.

En la desbocada carrera por salvar la vida, a Bata sólo le quedaba una salida y recurrió a ella, invocando al gran dios Re-Haractes.

—Dios que juzgas entre lo malvado y lo justo —imploró Bata, desde lo más profundo del corazón—, ¡ayúdame, mi buen dios! ¡Sálvame de la furia incomprensible de mi hermano!

De pronto, la tierra comenzó a temblar bajo los pies de los dos. Desconcertado, Bata detuvo la carrera y, como lo quería tanto, se giró para comprobar si Inpu estaba bien. Lo vio clavando la lanza en el suelo, para conservar el equilibrio en la violenta sacudida. En ese instante, el espacio que separaba a los dos hermanos se resquebrajó y la tierra se hundió de golpe. Un abismo surgió entre ellos y, antes de que ninguno de los dos pudiera apreciar la profundidad de la grieta que los distanciaba, un torrente de agua brotó del interior, llenando la cavidad hasta formar un río que separó a cada uno en una orilla. Encolerizado, Inpu gritaba desde su lado, agitando los brazos. A punto estaba de meterse en el agua para alcanzar al menor cuando, al proyectar su sombra sobre el agua, el río hirvió y varios cocodrilos saltaron a la vez, chocando en el aire las hambrientas mandíbulas.

La plegaria había sido escuchada. Cruzar era imposible.

—Aguarda a que amanezca, Inpu —gritó Bata desde su orilla—. Entonces, hablaremos. Aunque estate tranquilo —dijo sospechando que el incidente con su cuñada debía de ser la causa de aquel ataque de ira—, ya nunca volveré a vuestro lado. Me marcharé a vivir al valle del Pino.

Ninguno de los dos durmió aquella noche. El menor, dando gracias al dios que se había apiadado de tal desventura y los había distanciado con aquel río. El mayor, afilando la punta de la lanza.

—¿Por qué has decidido perseguirme con tu arma, sin tan siquiera preguntarme? —quiso comprender Bata, al despuntar la aurora—. Soy tu hermano pequeño. ¡Tu hermano! —argumentó, aludiendo a los lazos de sangre—. Ambos habéis sido como padres para mí. ¿Por qué quieres matarme?

Ante aquella mención a su paternidad, que él también sentía verdadera, Inpu dio un salto hacia delante, levantó la lanza y respondió con un alarido de rabia. ¿Cómo aludía a sus cuidados cuando había tratado de vejar a su esposa?

—¡Tú! —lo señaló Inpu, con la punta de la lanza—. ¡Mi esposa y tú!

—Cuando ayer regresé a por las semillas —explicó el joven a gritos—, tu mujer trató de seducirme y, por supuesto, yo la rechacé. No sé qué te habrá contado, pero intuyo que mentiras. Me duele que hayas dudado de mí y me persigas con tu arma. ¿No te das cuenta de que, rencorosa, habrá falseado lo ocurrido para protegerse? ¡Ella se insinuó, hermano! ¡Ella! No yo.

En la otra parte del río, Inpu resoplaba como un toro embravecido. ¿A quién debía creer? Pero entonces el joven le relató todos los detalles y, para ratificar que decía la verdad, lo juró por Re-Haractes.

—Has creído las palabras de una ramera, hermano —concluyó Bata, compungido y dolido por haber perdido el cariño de Inpu.

Para demostrarle que nada era más importante que su amistad, Bata abrió la bolsa, extrajo un cuchillo cuyo filo brilló al alba y, ante la cara boquiabierta de su hermano, se cortó el pene y lo lanzó al agua. El miembro amputado aún giraba en el aire cuando un enorme pez saltó y lo engulló. El muchacho, despojado de la virilidad, se desplomó, y el mayor, que no podía cruzar para ayudarlo, cayó de rodillas al suelo, llorando sin consuelo. La culpa lo devoraba.

—¡Inpu! ¡Inpu! —le imploró Bata cuando recobró un poco de su fuerza.

El mayor se secó las lágrimas con el antebrazo.

—¡Dime, hermano!

—Guardaré mi corazón en una flor de pino —le vaticinó—. Si algún día se desprende, búscala y no te detengas hasta encontrarla. Cuando la halles, sumérgela en agua y así yo regresaré a la vida y podré vengarme.

—¿Y cuándo será eso? —replicó Inpu a gritos.

—Sabrás que ha llegado el momento cuando, al ir a beber tu cerveza, la jarra rebose.

Los dos parientes no se dijeron nada más. El mayor vio cómo el menor se marchaba, arrastrándose, e Inpu, apoyándose en la lanza, no se movió hasta que la figura del pequeño se fundió con la línea del horizonte. Sollozando, Inpu regresó a la granja y clavó la punta de metal en el corazón de su esposa. Con menosprecio, en lugar de enterrarla, arrojó el cadáver a los perros. Desde ese mismo instante, compungido, guardó duelo por su querido hermano menor.

*

Durante los primeros días en el valle del Pino, Bata se refugió en la construcción de una pequeña choza cerca de un recodo. No es que un lecho de hojas secas resultara más confortable allí que la paja del granero al que estaba acostumbrado, pero, al menos, los quehaceres de procurarse un techo o algo que comer lo mantenían distraído. Sin embargo, en cuanto detenía el ajetreo, Bata se descubría suspirando. Nunca había vivido alejado de Inpu y la ausencia de su compañía le pesaba tanto como si le hubieran atado una piedra y lanzado al río. En ello pensaba cuando escuchó una voz.

—Algún día os volveréis a encontrar —le reveló un pajarillo mientras el joven recogía agua para la casa.

Pero Bata, pese a que, gracias a su don, había entendido aquel trino, no contestó. También echaba de menos a sus animales domésticos, así que, cansado del trabajo de todo el día, se recogía pronto. Las noches se le antojaban eternas. La monotonía de vivir cada jornada idéntica a la anterior lo devoraba.

Un día de los que salía a cazar, había caminado tanto y tan lejos que acabó por encontrarse con la Enéada. Los nueve dioses de Heliópolis se sorprendieron ante la belleza de aquella criatura, cuyo aspecto era más propio de una deidad que de un hombre. Intrigados, lo detuvieron para conversar, y Bata, con humildad y el corazón destrozado, les compartió la causa de su pena. Los dioses se apiadaron de él y, para minimizar la angustia de no saber qué había ocurrido con su hermano, ellos, que lo sabían todo, le relataron el desenlace y cómo Inpu había ejecutado su venganza, acabando con la vida de la esposa. Pero aquella muerte entristeció aún más a Bata, al imaginar que Inpu, en la granja, se había quedado tan solo como él.

—Qué pérfida es la soledad cuando se tiene un corazón generoso —dictaminó una de las deidades, comprendiendo el dolor de Bata.

Todos los demás dioses asintieron. Apiadándose del infortunio del joven, pidieron a Re-Haractes que intercediera por él.

—El maestro alfarero Cnum —señaló el gran dios, ofreciendo una solución—, le podrá crear una compañera con la que disfrutar de los días y las noches.

Y así fue. La deidad encargada de moldear a los hombres se sentó frente al torno, bajo la atenta mirada de los demás, y deslizando las manos con sabiduría, dejó que resbalaran generosas por una gran masa de barro. Las curvas de una figura femenina se entrelazaron con sus dedos y, al punto, de ellos nació una mujer de tal belleza que, de nuevo, provocó el asombro de los propios dioses, pues cada uno de ellos se podía reconocer en algún rasgo divino de la mujer. Era un ser único. Cnum le insufló el aliento y todos sonrieron satisfechos al verla respirar. Era un regalo perfecto para Bata. Sin embargo, aún no había abandonado los brazos de su creador cuando las Siete Hathors, que relatan a los padres el destino de los hijos, se sobrecogieron atemorizadas. Aquel ser tan hermoso tenía ante sí un oscuro destino; ellas podían verlo. «¡Oh, pobre!» exclamaron al unísono, compadecidas. «Horrible será la muerte que tendrá esta mujer. De nada le servirá su belleza».

*

Bata, ajeno al presagio, amó a su nueva compañera desde el mismo momento en que le fue dada. Aquel regalo divino minimizaba la pena de estar lejos de Inpu y llenaba de felicidad cada momento. Lejos quedaron las sombras grises y solitarias. Ahora gozaba de la compañía de una esposa con la que conversaba y compartía cada momento, incluida la intimidad de la noche. La amaba tanto y era tan merecedora de su confianza que, tras una de las veladas en la que yacieron juntos, Bata le confesó su mayor secreto.

—Mi corazón te pertenece —le explicó, llevando la suave mano de la mujer a su pecho—. Pero no creas que está aquí encerrado.

Ella le miró sin comprender, con aquellos ojos enormes y oscuros que él adoraba.

—Está guardado en la flor del pino más alto —le susurró mientras le acariciaba el cabello—. A ti, que te confiaría mi vida, puedo contarte este secreto. Nadie más debe saberlo porque, de perecer esa flor, mi corazón dejaría de latir.

La mujer retiró la mano, asustada.

—No, no, no... —contestó ella, con una voz débil y rota.

—No te preocupes, querida. Yo nunca te abandonaría.

*

Pero la misma monotonía que consumía a Bata al llegar al valle comenzó a pesar sobre la bella esposa casi como una condena. Como su marido quería protegerla de todo y de todos, le rogaba

que no saliera de casa cuando él se ausentaba para cazar. Pero a ella el tiempo la devoraba y el aburrimiento la empujó a la desobediencia. Así que un día, en cuanto lo despidió con un beso y lo vio desaparecer entre los árboles, ella salió contenta, dispuesta a acompañar el río hasta la costa. El mar, nada más verla caminando por la orilla, se obsesionó con la hermosura de la muchacha y mandó a las olas que la atraparan. Ella jugaba divertida, dando saltitos, para esquivarlas. Ninguna conseguía siquiera rozarle un dedo del pie con su espuma. Entonces, el mar, ansioso, le pidió al pino más cercano que tomara a la joven en su nombre. Pero, aunque el árbol estiró la más larga de sus ramas, sólo alcanzó a acariciarle la punta del cabello. Eso sí, entre las hojas se quedó prendido un mechón y, para consolarlo, se lo regaló al mar. Durante horas, éste jugó a acunarlo, pero, considerándolo un tesoro propio de reyes, lo meció con la marea hasta llevarlo a Egipto.

Cerca del río donde los lavanderos del faraón trabajaban, la fragancia del pelo invadió la ropa con su dulce aroma. Los sirvientes del rey, al ir a recogerla, protestaron.

—¿De dónde procede este perfume? ¿Qué habéis añadido al agua?

Pero los responsables de limpiar las prendas no se explicaban el origen de aquella esencia tan sumamente embriagadora. Tras varios días de discusión, el jefe de los lavanderos paseaba por la orilla, tratando de encontrar una razón cuando, guiado por el olor suspendido en el aire, localizó el mechón, que flotaba en el agua. Era tan sublime el aroma que desprendía que decidió presentarlo al faraón.

—No tenemos ninguna duda, majestad —señalaron los sabios del consejo al ser preguntados sobre la hebra—. El origen de este cabello sólo puede ser obra de las deidades. Por fuerza ha de pertenecer a la hija del gran dios, Re-Haractes. Ella es la única en este mundo que posee rasgos propios de todas las deidades.

—¿Y cómo podría conocerla? —se intrigó el rey, entusiasmado.

—Enviad a vuestros hombres a cada una de las tierras extranjeras. Batidlas todas hasta hallarla, sin olvidar el valle del Pino.

\*

De todos los lugares a los que se enviaron las comitivas, regresaron los mensajeros del rey sin noticias. De todos los lugares, excepto de la misión enviada a la tierra lejana donde residía Bata. Allí, el experto cazador había asesinado a todos los portavoces, menos a uno, a quien dejó vivo para que advirtiera de que nadie le arrebataría su tesoro. Aquello todavía avivó más el ansia del monarca. Debía contemplar a la hija de dioses, olerla, besarla, poseerla. Así que envió una tropa de soldados, que, por número y astucia, capturaron a la muchacha sin mayor problema. Cuando ella llegó a la corte, sonrió complacida. Nunca le había gustado la vida aislada a la que la condenaba Bata. Envuelta en ricas telas y adornada de las joyas más exquisitas, se sintió feliz. Así la presentaron ante el faraón, que quedó cautivo de la perfecta hermosura y, pese a estar casada, la nombró la principal de todas las esposas.

—Mi señor —sugirió ella al preferir la vida opulenta de la corte—, conozco el secreto que evitará la venganza de mi esposo si consumáis vuestro deseo conmigo.

El rey la escuchó, hechizado por sus encantos.

—Bata guarda su corazón en una flor del árbol de pino —confesó ella—. Mandad que lo talen y lo conviertan en leña. Así no me reclamará.

Al primer hachazo, los pétalos que conservaban el latido de Bata cayeron al suelo. Y, en el mismo instante en que rozaron las piedras, el cuerpo del joven se desplomó sin vida.

A la jornada siguiente, cuando su hermano Inpu regresó del trabajo en el campo, pidió una cerveza para calmar la sed y, en cuanto el dorado líquido tocó la jarra, comenzó a desbordarse.

—Rápido, servidme un vino —ordenó alarmado el mayor, recordando el augurio con el que Bata le había advertido.

Apenas los labios tocaron la bebida, ésta se agrió y confirmó la terrible sospecha. Debía de haber muerto. «Muerto», se repitió. «Mi hermano, muerto». Apenado, Inpu dejó caer el recipiente al suelo y ambos, el vaso y su corazón, se rompieron en añicos. Sin permitirse un descanso, tomó sus armas y partió enseguida al valle del Pino. Aunque sabía lo que iba a encontrarse tras la puerta de la casa de Bata, llamó a gritos antes de entrar, pero sólo le respondió el silencio. En medio de la humilde estancia, el cuerpo de Bata yacía en una postura extraña, como si al serle arrebatado el espíritu, la piel se le hubiera desprendido y hubiera quedado hueca, vacía; la mirada pétrea así lo delataba. Inpu le cerró los ojos y tomó con cariño la cabeza de su hermano, meciéndola amoroso entre las rodillas. Lloró. Lloró con amargura largo rato hasta que, como si pudiera escucharlo de nuevo de labios del difunto, recordó su oráculo: «Si la flor se desprende, búscala y no te detengas hasta encontrarla. Cuando la halles, sumérgela en agua y así yo regresaré a la vida».

\*

Tres años vagó por los lugares más lejanos, buscando sin éxito aquella flor. Al cuarto, sintiendo la llamada nostálgica de la tierra, decidió que había llegado el momento de regresar a Egipto. Inpu se sentía derrotado y abatido, pero, sujeto a la palabra dada, aquella noche decidió salir una

última vez y, para su sorpresa, ¡la encontró! La flor se había convertido en fruto y, al pasar por su lado, como contenía el corazón de Bata en su interior, vibró nada más aproximarse para ser descubierta. Incrédulo, el hermano recogió el fruto con ambas manos y regresó a la casa del menor, donde, como éste le había pedido, lo dejó caer en una jarra llena de agua. Al amanecer, el fruto se había bebido todo el contenido y el cuerpo del muchacho, que aún yacía muerto en el suelo, comenzó a temblar. Inpu se arrodilló a su lado y Bata abrió los ojos, pero aún no podía moverse. El hermano mayor repitió el mismo paso: añadió más agua y observó asombrado cómo, poco a poco, el fruto recuperaba la forma de un corazón. Al completarse el proceso, Bata se levantó, y ambos, con el anhelo de tantos años separados, permanecieron largo rato abrazados.

—Hermano —le indicó el resucitado—, ayúdame a vengarme de mi esposa.

Inpu, todavía incrédulo, lo sujetó por los brazos y asintió.

—Me transformaré en un toro de proporciones increíbles y, cabalgando sobre mi gran lomo, me conducirás delante del faraón —explicó el renacido—. No temas, obraré un prodigio tan grande que nuestra tierra lo recordará por siempre y tú serás recompensado por ello.

*

Como sospechaban, en cuanto el monarca escuchó hablar de las dimensiones de aquella res que tanto asombro despertaba a su paso, solicitó la presencia del toro en la corte. El hermano mayor llegó a lomos del animal. Resultaba un semental tan peculiar que el rey lo quiso para sí y compensó al supuesto dueño con tal pago que Inpu regresó a la granja enriquecido. No pasó mucho tiempo antes de que la esposa principal del rey, atraída por la belleza del bovino, se le aproximara. No entendía por qué aquel animal le resultaba tan familiar.

—¿Me reconoces? —le susurró el toro tan pronto como ella se le acercó.

Sorprendida, dio un paso atrás. Aquella voz todavía conservaba la dulzura del dueño. «No puede ser», se dijo al descubrirlo. «Es imposible».

—Sí, querida, soy Bata —bramó el toro, acercándole el hocico—. Sé que, para deshacerte de mí, compartiste mi secreto y señalaste qué árbol debía ser talado...

Asustada, la mujer perdió el equilibrio y se desplomó.

—Pero aquí estoy —continuó él, sin dejar de aproximarse—, aquí estoy, mujer... ¡Vivo!

Levantándose de golpe, la traidora huyó a los aposentos reales. El corazón le latía con tal fuerza que las sirvientas se preocuparon por su estabilidad. La abanicaron y la bañaron. Mientras el agua la acariciaba, el miedo se desvaneció y recuperó la fortaleza que siempre la gobernaba. Aquella noche, yaciendo con el faraón, se apoyó desnuda sobre su torso. Lo sabía cautivo de sus caricias. Era imposible que le negara nada.

—Si en verdad me quisieras —apuntó ella, caprichosa—, me otorgarías todo aquello que te pidiera.

Girándola, él se colocó encima y, apasionado, la sujetó por las muñecas.

—Todo lo mío es tuyo, mujer. Bien lo sabes.

—Prométemelo —le forzó la favorita, abrazando la cintura del rey con sus sedosas piernas.

—Te lo prometo —confirmó él, antes de besarla.

*

Ella aguardó a la mañana siguiente.

«Quiero probar el hígado de toro», exigió. Él, que admiraba la bravura de aquel ejemplar único que había comprado, se enfureció. Pero si un hombre es esclavo de su palabra, un rey lo es todavía más. Se celebró un festival para sacrificar al animal, y el jefe de los matarifes se encargó de degollarlo. Tan pronto como la sangre escapó del cuello del animal, dos de las gotas salpicaron sobre el gran pórtico del faraón y, durante la noche, de ellas brotaron un par de espléndidos árboles de perseas. El pueblo estaba tan asombrado que reclamó la presencia del monarca para celebrar aquel prodigio. Entregado a su gente, el rey adornó su cuello de coloridas guirnaldas y saludó al pueblo desde la gran Ventana de las Apariciones. El brillante lapislázuli de su marco regalaba a la figura real un destello especial que aún ensalzaba más aquella maravilla que había crecido en sólo una noche.

—¡Prodigioso, majestad! ¡Prodigioso! —coreaba la gente, entusiasmada.

Conducido en el carro dorado, el monarca se acompañó de la esposa favorita para presentar una ofrenda a los pies de los árboles nacidos. Él se agachó frente a la primera persea y la mujer, bajo la atenta mirada del pueblo, lo imitó, junto a la segunda.

—¡Mujer traidora! —escuchó.

La favorita se quedó petrificada al volver a reconocer la voz de su marido que, ahora, emanaba del tronco de la persea.

—Sí, soy Bata. Acabaste con mi corazón de la flor del pino y me sacrificaste al convertirme en toro. Pero, mírame, sigo vivo en esta mágica persea, ¿me oyes? ¡Vivo!

Tras agacharse, el rey se irguió de nuevo sin problema. Sin embargo, las sirvientas tuvieron que ayudar a la señora a levantarse. Rabiosa, había hundido las uñas en la tierra y los ojos le refulgían de odio, pero, al sentirse observada por los presentes, disimuló. Desde ese mismo momento, se prometió hallar una nueva oportunidad para deshacerse de Bata. Y, apenas unos días después, la encontró.

Mientras los platillos metálicos del sistro repicaban, la esposa favorita bailaba para el rey. Danzaba envuelta en preciosas gasas que transparentaban la sinuosidad de sus caderas y la firmeza de sus senos. El monarca sonreía absorto ante tal perfección y ella se acercaba provocadora, moviéndose al ritmo de la melodía. El rey, desde el trono, estiraba los brazos, tratando de atraparla, pero ella, fingiendo divertirse, no se dejaba. Sólo se aproximaba para servirle vino y más vino y, cuando ya lo creyó entregado, vertió el líquido de la jarra sobre las telas que, mojadas y purpúreas, se pegaron a su cuerpo desnudo. Entonces ella se acercó a él y le susurró: «Prométeme lo que te pida y seré tuya».

—Lo que desees —concedió él, ansioso de dormir a su lado.

—Quiero el más bello de los muebles...

—Para ti será creado, esposa mía —respondió sin dudar.

—... Con la madera —matizó ella— de las dos perseas.

La música cesó al levantarse el rey de golpe. Apesadumbrado, se vio obligado a cumplir de nuevo la promesa.

Como la esposa favorita deseaba ser testigo de la tala, acompañó al monarca a los árboles prodigiosos. Con cada hachazo sobre la madera, ella sonreía, maliciosa. ¿Un nuevo golpe? Una carcajada mayor. Así fue cómo, al tener la boca abierta, una de las astillas de la persea salió despedida y llegó a su garganta. Sin ser muy consciente de lo que había ocurrido, se la tragó y, al momento, la que fuera esposa de Bata quedó encinta. Sintiéndose indispuesta, se retiró bajo la mirada del monarca que, con tristeza, supervisaba el extraño deseo que ponía fin a las perseas prodigiosas.

*

Transcurrido el tiempo de la gestación, la favorita del rey dio a luz.

—Majestad... ¡es un niño! —corearon las comadronas, exultantes.

—Traédmelo.

Siendo hijo de Bata y de la mujer moldeada por los dioses, la criatura no podía ser más agraciada. Tras contemplarlo, el rey designó a las mejores nodrizas y sirvientas para que lo atendieran y, orgulloso de contar con un varón como primogénito, decretó un día de fiesta en su nombre.

Todo Egipto lo celebró con júbilo. Creyéndolo vástago suyo, el monarca lo amó sobre todas las cosas y lo nombró virrey del sureño imperio de Cush, las tierras del oro. Con el paso de los años, el niño creció, gallardo e inteligente, y el monarca le otorgó también el título de príncipe heredero del país. Al monarca todavía le quedaron muchos años de vida que compartió con el supuesto hijo que, durante todo ese tiempo, calló la verdad. Pero, en cuanto el viejo rey falleció, el nuevo faraón mandó reunir a los líderes.

—Convocad a los altos cargos del reino. Que vengan todos a mi presencia —ordenó—. Deben escuchar lo que me ha ocurrido.

Su madre, sorprendida, también acudió a la extraña convocatoria. Por mandato expreso del monarca, se le reservó un sitio a su lado. La asamblea entera le presentó sus respetos. Pese a la vejez, la hermosura que poseía todavía impresionaba. Pero ella, lejos de resultar complaciente, sólo tenía ojos para el hijo. Había algo distinto en su rostro. Un detalle que no podía identificar, que le resultaba lejano y próximo a la vez, y que se encerraba dentro de la enigmática sonrisa que su descendiente mantenía sobre su rostro.

Cuando todos se reunieron, el nuevo rey se puso en pie, guardó un momento de silencio y, girándose hacia quien fuera su esposa, reveló:

—Yo soy... Bata. ¡El rey Bata!

Así, ante la atónita mirada de la madre, el nuevo rey contó su triste historia, incluyendo todas las traiciones que había sufrido por parte de su mujer: cómo delató el secreto del corazón de la flor de pino para que fuera destruido, cómo ordenó la muerte de su yo transformado en toro y en las perseas e, incluso, cómo los dioses, tras todas aquellas duras pruebas, le habían permitido renacer una y otra vez para que pudiera desquitarse. Por unanimidad, los altos cargos decretaron un castigo mortal para la nefasta esposa y madre, y así se cumplió también el agüero que, en el momento de nacer, habían profetizado las Siete Hathors sobre la «horrible muerte» que sufriría aquella criatura divina. Con su ejecución, Bata vio cumplida su venganza. Una vez consumada, mandó buscar a su hermano, que, en cuanto llegó a la corte, fue nombrado príncipe heredero. Durante treinta años, el hermano menor reinó y, a su muerte, Inpu lo relevó. Así fue como, durante décadas, los dos hermanos dirigieron juntos el destino de Egipto.

# PRINCIPALES DIVINIDADES DEL ANTIGUO EGIPTO

**NUT** Madre de Isis y de Osiris, es la diosa del cielo. En las tumbas reales se la representa arqueada, cual bóveda celeste. Su cuerpo es azulado y está salpicado de estrellas. Alberga el Sol, que transita por su cuerpo, y está asociada también con una vaca por el hecho de alimentar a los muertos.

**GEB** Dios de la tierra y primigenio, es uno de los más antiguos del panteón egipcio. Como generador de fertilidad, se le representa de color verde y con un ganso como atributo.

**OSIRIS** Dios principal del panteón egipcio, inventor de la agricultura y de las leyes. Murió ahogado en el Nilo y después fue despedazado por su hermano Set, pero fue resucitado por su esposa Isis. Por ser el primero en volver del mundo de los muertos, es la divinidad asociada a la muerte, que oficia los funerales y juzga a los difuntos. La iconografía lo muestra con forma humana, con los brazos cruzados, el cetro y el flagelo.

**ISIS** Diosa principal del panteón egipcio, esposa de Osiris, a quien reconstruye y resucita tras su asesinato. Madre de Horus y, por ende, figura materna divina de todos los faraones, es una de las plañideras divinas. Uno de sus atributos es un tocado con su nombre en jeroglífico.

**SET** Hermano y rival de Osiris, es el dios de la violencia y el caos; se le asocia con el desierto y la falta de agua. Se le suele representar con figuras zoomorfas, como el cerdo, el asno o el hipopótamo.

**HORUS** Hijo de Osiris e Isis, es un dios fundamental en el panteón, pues se asocia al faraón, a quien a menudo se considera la representación terrenal de Horus. Su figura es un halcón, mientras que su culto adquiere distintas funciones y formas, identificadas a menudo con diferentes divinidades por adoptar nombres particulares en cada ciudad o época. Es la divinidad protectora de la caza y la guerra, actividades principales de los gobernantes.

**RE** Representado con un círculo solar y cabeza de halcón, es el dios del Sol, que viaja diariamente de oriente a occidente en su barca divina. Los faraones se consideraban descendientes directos de esta divinidad.

**TOT** Dios de la sabiduría, la divinidad de la escritura suele representarse como un babuino o con cabeza de ibis. Actúa como escriba entre los dioses y también mide el tiempo. Es, por tanto, un dios de orden y organización.

**NEFTIS** Hija de Nut y hermana de Isis, aparece en los ritos funerarios junto a ella y frente a Osiris. Es la protectora del hogar y señora principal de la casa.

**HATHOR** Diosa madre, es, como Nut, una deidad celeste. Madre (a la par que consorte o parte femenina) de Horus y Re y, por ende, madre divina del faraón. Es una diosa protectora de la fertilidad y la crianza, a menudo representada por una vaca, que puede llegar a ser muy vengativa con sus enemigos. Lleva el mismo atributo del círculo solar que su hijo o consorte Re.

**APOFIS** Ser maligno, representado por una serpiente que habita en las tinieblas y ataca a Re y a Set durante el recorrido nocturno de la barca solar para intentar volcarla. Set defiende la proa.

**JEPRI** Símbolo de la vida eterna, representado por un escarabajo que empuja al Sol, Jepri se creó a sí mismo. Así como Re es el sol diurno en su esplendor, Jepri es el dios de primera hora, al amanecer.

**ATUM** Dios primigenio, se autocreó surgiendo del océano primigenio y dio origen a Shu y a Tefnut, quienes crearon a su vez a Geb y Nut.

**PTAH** Dios de la magia y constructor, era el protector de los arquitectos, artesanos y albañiles. Fue muy adorado en Menfis, donde se le consideraba dios creador de las ciudades y el que había marcado los límites entre las tierras.

**AMÓN** Dios protector de la región tebana, se sincretizó con Re y adquirió una gran importancia: durante el Imperio Nuevo fue el dios nacional de Egipto. Dios celeste y creador, se le representa a menudo como un carnero.

© de esta edición:

**EDITORIAL ALMA**
Anders Producciones S.L., 2023
www.editorialalma.com
🅵 🅾 🎵 @almaeditorial

Concepto editorial: Anders Producciones S.L.

✳

Selección de contenido y prólogo:
**NÚRIA CASTELLANO I SOLÉ**
2023

✳

© de los textos:
**EVA MARÍA MARCOS MARTÍNEZ**
2023

✳

© de las ilustraciones:
**MEEL TAMPHANON**
2023

✳

Diseño de colección, ilustraciones
de portada y portadillas:
**LOOKATCIA.COM**

✳

Maquetación,
coordinación y edición:
**EDITEC EDICIONES**

✳

ISBN: 978-84-19599-33-9
Depósito legal: B-13579-2023

Impreso en España / *Printed in Spain*